刘光鼎先生

刘光鼎先生追思集

朱日祥　郝天珧　江为为　刘少华　主编

科学出版社
北　京

内 容 简 介

本书以众多刘光鼎院士的故交、朋友、同事、弟子的回忆文章记述了刘光鼎院士在不同时期的人生经历，展示了他作为一名战略科学家的学术成就、治学方略、家国情怀以及为人之道。这些纪念文章从不同的侧面，勾绘出一位形象生动的老科学家的人生路径和学术生涯，展示出他强烈的爱国情怀，永不消退的事业心，乐于奉献、不断追求的高尚品德以及他对地球科学和社会进步所作出的贡献。通过《刘光鼎先生追思集》，力求告慰刘光鼎先生在天之灵，并对青年学子的人生成长有所启迪和帮助。

本书可供地学专业的科研人员及师生阅读，也可供自然科学史等专业学者参考。

图书在版编目（CIP）数据

刘光鼎先生追思集/朱日祥等主编. —北京：科学出版社，2019.8

ISBN 978-7-03-061937-2

Ⅰ. ①刘… Ⅱ. ①朱… Ⅲ. ①刘光鼎–纪念文集 Ⅳ. ①K826.14-53

中国版本图书馆 CIP 数据核字（2019）第 150695 号

责任编辑：张井飞 韩 鹏 / 责任校对：张小霞

责任印制：肖 兴 / 封面设计：耕者设计工作室

科学出版社 出版

北京东黄城根北街 16 号

邮政编码：100717

http://www.sciencep.com

中国科学院印刷厂 印刷

科学出版社发行 各地新华书店经销

*

2019 年 8 月第 一 版 开本：787×1092 1/16

2019 年 8 月第一次印刷 印张：15 1/4 插页：1

字数：200 000

定价：169.00 元

（如有印装质量问题，我社负责调换）

深切怀念刘光鼎院士（代序）

刘光鼎院士谢世已快一年，最近朱日祥院士联系我，说我们中国科学院地质与地球物理研究所偕同刘先生的生前友好，将举办一个追思会，并嘱我写点文字，希望以此作为先生追思文集的序。这事，我当然得应承下来。

初识刘先生，还是在大家都叫我“小丁”的时候。依稀记得是1994年的夏天，我有幸受邀到贵阳参加国家自然科学基金委地学部举办的面上项目评审会。当时参加基金评审的评委基本上都是我的前辈，光鼎先生也在其中，并且他是地球物理评审组的组长，我则参加地化组项目的评审。刘先生当时在地球物理所工作，我在地质所工作，两所是兄弟单位，来往密切，但我是小字辈，以前并无缘分同他近距离接触。那时的刘先生，身材魁梧、面色红润、精力充沛、不知疲倦，并且喜欢喝酒、打扑克牌。每到吃晚饭时，他都会买上两瓶二锅头，先给自己倒上满满一大杯，并把我们几位他认为能喝的都叫到他那桌，也都得倒满一大杯，边喝边聊天，他一会儿四两二锅头就能下肚，并且毫无醉意。

晚饭后，他又喜欢把我们几个叫到他房间聊天打扑克，那个时候北京流行一种叫“拱猪”的扑克游戏，我当研究生时就喜欢同朋友们玩，也算是“拱猪”爱好者之一。刘先生也喜欢这个游戏，并且思路清晰、算度准确，可称高手也。有时候我吃完晚饭，如果先看会儿电视，稍微去他房间晚一点，他就会打来电话：“小丁，怎么还不来报到啊？”

光鼎先生那时评上院士已经十几年了，是名副其实的老院士，在我国地球物理界堪为一言九鼎式的人物，但他丝毫没有架子，甚至有些没大没小，让我们这些平常仰望于他的小字辈在他面前毫无拘束之感，并常常从心底里赞叹：这老先生太豪爽，太率真，太好玩，太可爱了！

熟识刘先生后，我便得以从更多角度了解先生的过去经历和多种爱好。他出身书香门第，父亲是老清华园的教授，北平还没解放，他就参加了中共地下组织，他也是新中国成立后北大首拨物理系毕业生，并且在地质与地球物理两大学科领域都做出了卓越贡献，因此，很早就当选为中国科学院院士。

刘先生才华横溢，爱好广泛。我们结识不久，他便送我他的一些著作，其中两本是关于太极拳的小册子。他从小习拳，还是吴氏太极拳的重要传人，据他自己讲，“文革”期间，他挨斗、靠边站，便用物理学知识尤其是力学原理对太极拳的不同招式作了攻防解读。这两本小册子是老先生的“得意之作”，每当我们喝酒时聊起它们，刘先生总不免脸上发光，颇呈自得之意。据说他在地球物理所当所长时，常常利用休息时间在所院子里练拳，同时也发展了不少太极拳爱好者。刘先生还喜欢作诗泼墨，他也送过我自选诗集，写的是旧体诗，一读就知道很有旧学功底，同时也可以看出他是一位非常热爱生活的人，豪放的外表下有其内心细腻、敏感的一面，生活中的不同场景、不同体验均可被他提炼成优美的诗句。他也喜欢挥毫，一手行楷大气磅礴，直追晋唐，地学界的同行常常向他求字，他也来者不拒，挥笔即就。

在我们地学圈子里，刘先生有个外号，叫作“刘大侠”或“大侠”，对此，他老人家也欣然受之。我没有向他询问过这个外号的由来，但猜测一定同他的性格有关。刘先生重义气，好打不平，谁有事求到他，只要说上几句好话，他老先生都会满口应承，大有包在我身上的气概。如果有人到刘先生面前告谁的“状”，尤其是对地球物理学科不利的“状”，他都会手拍案子：这小子！似乎要马上前去同他理论一番。当然，刘大侠名号的取得也可能同老先生喜欢武侠小说有关，他是金庸、古龙、梁羽生的忠实读者，叫他“武侠迷”可谓恰当，出差在外，他的行囊中一定会有武侠小说。如果聊天聊到金庸，他就会把“金大侠”写的十五部小说述说一遍：“飞雪连天射白鹿，笑书神侠倚碧鸳。”据我所知，我们地学同行中喜欢读武侠小说的不在少数，但爱好到刘先生程度者委实不多。我猜测，刘先生好打不平的脾性可能同他喜欢武侠中的人物不无关系，他身上确实也有萧峰、令狐冲、杨过的影子。

1999 年夏天，我同光鼎先生成了一所同事，从那时候起，我同他老人家的交往才深入到工作层面。当时，中国科学院在固体地球领域有地质所和地球物理所两个大所老所，随着学科交叉的深入以及根据中科院从 1998 年开始启动的“知识创新工程”的内在要求，院党组开始谋划两所的整合。当这个议题摆到桌面上时，两所的同志都颇为关注。刘先生作为地球物理所的前所长，当然免不了要身与其中，而我当时尚属小字辈，除了抱定“领导决定”的态度之外，其实对如何整合、甚至合与不合都不很在意。那段时间刘先生会偶尔召集两所的几个同事聊聊此事，我感到他完全赞同整合，并对整合后两大学科如何真正融合并服务于国家需求，尤其是在油气资源勘探、矿产资源寻找等实际问题上发挥作用非常用心。

从酝酿到宣布两所整合，印象中花了两年时间。这过程之所以用时较长，我后来猜测可能同选择谁当新所的所长有关。两个大所老所的合并，理应找一位学养深厚、德高望重又相对年富力强的资深学者，尤其是院士来当所长。但一路下来，找个这样的所长并不容易。最后院党组决定选个年轻人，并把担子压到我的肩上。我当时只是地质所第四纪地质研究室的副主任，并且我们室有我老师刘东生院士把握学术方向和工作方向，我这个副主任其实也不需要拿什么主意，因此是个典型的埋头做学问的行政素人。我这样一个毫无经验的年轻人一下子要挑起这副重担，心里惴惴是难免的。因此做的第一件事是问计于人，找两所的老先生、研究骨干交谈，听听大家有些什么想法、建议，并努力争取他们对我工作的支持。光鼎先生还是一如既往的大侠性格，认为我能行，能干好，不要怕，有什么事需要他出面尽管说。他是原地球物理所的领袖人物，他的支持当然使我平添了几分胆气，居然也有了点“咱不干谁干”的霸气。

从行政工作的角度论，我们两所的整合工作只花了三个月时间，其间并没有出现风波，这对我这个新所长来说，应该是十分幸运了。后来总结，整合工作之所以比较顺利，与光鼎先生、孙枢先生等老领导老院士发挥了重要作用有密切关系。整合之初，院党组交给的任务是遴选一支骨干队伍进入“创新基地”，并给予增量资源的支持，其他职工则继续以存量资源运行。因此一所被分为“基地内”“基地外”两大块，并实现“双轨制”运行。可以想见，无论是考虑个人荣誉还是实际收入，进“基地”是所有职工的首要选择。在遴选过程中，只要有稍许的不公正，或者有任何“夹带私货”的案例发生，我这个所长的日子就不会好过。因此，建立公正的遴选制度并严格遵循程序就成为头等大事。我们新的所务会通过商量，决定采用“全员待岗、分批上岗”的工作程序，即分批进“基地”。先由全所院士和部分资深科学家成立研究所科学指导委员会，光鼎先生和孙枢先生这两位老所长担任委员会的双组长，他们同所务会的成员一道，作为首批进“基地”的人员。然后，我们所务会着手起草进“基地”各类人员的条件和任期考核标准，以及激励制度、晋级制度等文件，每个文件都由科学指导委员会经过充分讨论和修改，所务会最终通过后才颁发全所周知。然后由光鼎院士和孙枢院士主持一次又一次的招聘会议，完成进“基地”主体队伍的聘任。

在这个过程中，刘先生投入了大量时间，同孙枢院士一道，帮助研究所完成了这件最为棘手的工作，并组织所科学指导委员成员，为研究所今后的学科建设、学术方向开拓、能力建设等方面提了大量极有价值的建议，使新的地质地球所在较短时期内走上了工作正轨。从我个人来说，也从这些老先生的身上学到不少为人为事的准则，从一个性格比较单纯甚至有些冲动的年轻人慢慢成熟起来。为此，尽管我的恩师是刘东生院士，但在光鼎先生、孙枢先生面前，我还是严格地执弟子之礼。

我在地质地球所当了两届八年所长，卸任后不久便到院部工作。在研究所的八年中，我同光鼎先生在工作和生活上的接触是非常之多的。根据我的观察，光鼎先生在性格上是具有多种色彩的人，但凡对他脾气，他是什么都好说，不合他脾气的人，对他还是多少有些怵惧之心的。尽管他与人为善，但有一点是绝对不能“得罪”他的，那就是对地球物理这一学科的不重视、不支持。他把地球物理看得比自己个人的一切都重要，所里的同志，包括在外单位工作的同志，但凡做地球物理的，只要到他面前求教、求助，他都会倾力帮忙。地球物理于他，既是内心最温暖的存在，也是心中最为柔软之处。

到院部工作后，尽管所里还为我保留了办公室，还有我一个小小的团队在工作，但由于杂务缠身，我并不经常回所。刘先生那时已年届八旬，尽管吃肉喝酒的水平依旧，但也放慢了工作节奏，我平常见到他的机会并不太多，听他高谈阔论的机会则更少了。但每年春节之前，我是必定要到他家里去看望他的。每次去了，我们都会谈谈地学、谈谈中科院、谈谈研究所、谈谈相互熟悉的同事和朋友，他还是那么的精神矍铄、才思敏捷，每次同他告别，我都会心里非常欣慰。直到最近两年见到他，发现他一下子消瘦了、动作迟缓了，我心里明白这是他的糖尿病已经发展到很严重的地步了。刘先生罹患糖尿病，已经几十年了，年轻时胃的大部分还被切除，照理应该注重身体保养。但他不怎么听医生的，该吃肉吃肉，该喝酒喝酒，有时候还瞒着老伴宋老师偷偷地在外喝几两。我们知道，他是豁达之人，有时候还有点任性，劝他不会起太大作用。并且我个人还有些认同他的这份豁达，认为搞地学的，以百万年为一个时间单位，人生的短长，似可忽略不计呢。

但去年春节前去他家，看他步履蹒跚的样子，我很是为他担心，便劝他一定要听医生的话，照顾好自己的身体。他呢，并不愿同我谈身体这个话题，而是问我以后院士到年龄就要办退休，他在哪儿继续工作更合适，是留在研究所里还是去国科大？

直到去年夏天，我在东北调研，突然接到朱日祥院士的短信，说刘先生病危在医院，我能不能见他最后一面？我便当即订上第二天回北京的飞机票。谁知当天晚上，老朱来电，叫我不要回去了，说刘先生已经去世。想不到下一步他到哪里工作，竟成为我俩谈论的最后一个话题！

刘先生故去了，又一位学术大师离开了我们。尽管他年届九旬，实属高寿，但我相信，我们地质地球所的同仁，以及全国的地学同仁，都会同我一样，感到悲痛、惋惜。这些年，随着我们地质地球所一位位老院士的故去，我在伤悼之余，常常会在心中问自己一个问题：这些老先生尽管性格各异、经历不同、专业有别，但他们身上的共同点是什么呢？我或许没有能力准确回答这个问题，但我相信，他们赤诚的家国情怀，永不消退的事业心，甘于清苦、甘于奉献、不求获取的高度自觉，还有对年轻同志的关心、帮助、爱护之情，都是其熠熠闪光之处。

我相信，这些品质具有永恒的价值，也将成为我们地质地球所代代相传文化的一部分！

刘光鼎先生千古！

晚学：丁仲礼

前　言

2018年12月29日，本来是刘光鼎先生九十诞辰的日子，但我们却没有等到那一天。他老人家在2018年的8月7日因病离开了我们，到今天快要整整一年了。一年来，刘先生的同事、弟子、家人、朋友似乎很难接受他已经不在人世的这个事实。办公桌上还有他没有完成的书稿，实验室里还有他尚未完成学业的学生，信箱里仍堆满了慕名前来求教的中小学生的信件，大家似乎宁愿相信他老人家只是出了一趟远门，过不了多久，就会又意气风发地回到我们身边，带领大家为地学事业作出新的贡献。但事实无情地撕破我们的幻觉和期望，一年的时间已经悄悄流逝，留给我们的，是永恒的思念。

刘光鼎先生的一生，既跌宕又精彩，一直与祖国紧密联系在一起，同呼吸，共命运。与他一生有过交集的许多学者同事、弟子学生、亲朋好友甚至是外国友人，多为他宽阔的胸襟、强烈的家国情怀、深厚的学术功底、多才多艺的修养造诣以及鲜明的人格魅力所吸引、所折服。在他逝世一周年的时候，大家怀着同样的感情，打开记忆的闸门，找出与刘先生共同度过的点点滴滴记录，集成这本《刘光鼎先生追思集》，来回忆这位为祖国海洋与油气事业贡献了一生的战略科学家，追忆他的人生足迹，寄托我们的哀思，告慰他的在天之灵，以鼓励我们后人，像刘先生那样面对人生潮起潮落与机遇挑战，坦然“沧海一声笑”，真正做到“侠之大者，为国为民”！

目　　录

追思战略科学家刘光鼎先生

朱日祥

中国科学院地质与地球物理研究所

2018 年 8 月 7 日，刘光鼎先生安详地离开了我们。从此，我们研究所失去了一位战略科学家，我们国家失去了一位伟大的战略科学家。在先生逝世一周年之际，我们追思先生的丰功伟绩，更加深切地体会到一个战略科学家对国家发展的重要，更加由衷地体会到先生那种战略科学家的长远目光和宽阔胸怀。

先生在世时，常对我们讲起："不谋万世者，不足谋一时；不谋全局者，不足谋一域。"这句话出自清代陈澹然的《寤言二·迁都建藩议》，意思是说，看问题要从长远利益出发，办事情要从全局角度着想。即使是一时之事，一域之事，也要从长远的角度和全局的高度去思考、去谋划，否则会一事无成。这就是战略眼光和战略胸怀。先生就是这样一位具有战略眼光和战略胸怀的大科学家。

（一）

1989 年 6 月，我从中国科学院地质研究所获博士学位，来到中国科学院地球物理研究所做博士后。正是这年 6 月，刘光鼎先生由地质矿产部调到中国科学院地球物理研究所任所长。机缘巧合，自此，我有了在先生身边学习和工作的机会。与先生的第一次交谈是当年 10 月，我到办公室拜见先生，算是报到。由于紧张，几乎不记得当时和先生谈了什么。第一次与先生一起野外考察是到山东烟台，记得先生要求我们这些学地球物理的年轻人要多跑野外，多看地质现象，他特别强调地球物理与地质相结合。后来我才逐渐认识到，先生这样强调地球物理与地质相结合，既是他多年亲身工作的宝贵经验，也是他为地球物理学科发展指出的光明大道。

先生早年在北京大学学习理论物理，1951 年毕业实习期间，听从国家安排，开始学习地球物理，投身到祖国石油勘探事业中。1952 年毕业后，先生怀着理想与信念，参加了北京地质学院的建院工作，筹建物探系。1958 年，我国第一个海洋物探队组建，先生被任命为队长。1963 年起，先生参与筹建地质部南京海洋地质科学研究所，1964 年任该所地球物理研究室主任，并开始了他的海洋石油地质研究生涯。

石油地质研究综合性很强，尤其是海洋石油地质，需要地质学和地球物理学等多学科知识。正是从这时起，先生开始学习地质学，即使是在“文革”中被关进“牛棚”，先生也从没有间断过学习。先生曾对我们说，自己的地质知识是从朱夏先生那里学来的。原来，在他被关“牛棚”期间，曾辗转获取朱夏先生的大量译著手稿。他如饥似渴地反复阅读，并结合自己的认识与体会做了笔记。先生后来把这些笔记整理成《海洋底的探测技术》《大洋洋脊》《海底横向大断裂》《岛弧与海沟》《环太平洋地震带》《大洋磁条带异常》《海底热流》《大洋盆地的演化》等文发表。“宝剑锋从磨砺出”，当先生从“牛棚”中走出时，已经步入地质学家的行列，学会了运用岩石圈板块大地构造的理论观点来认识各种地质和地球物理现象。

先生自 1960 年开始进行海上地质调查，踏波逐浪二十多年，积累了 28 万测线千米的地球物理资料，先后在渤海、东海陆架、珠江口、琼东南和莺歌海等近海大陆架地区发现了一系列新生代沉积盆地及含油气构造，他领导的“中国海地质构造及含油气性研究”项目于 1982 年被授予国家自然科学二等奖。1984 年，先生着手组织国家重点攻关项目“寻找大油气田的理论与方法技术研究”，并开始主编《中国海区及邻域地质-地球物理系列图（比例尺 1：5000000)》，于 1989 年完成，系统地总结了中国海 30 年的地质地球物理综合研究工作，编绘出海底地形图、立体地貌图、空间重力异常图、布格重力异常图、磁力异常平面剖面图、地球动力学图、地质图、大地构造图和新生代沉积盆地图等一系列图件，揭示了我国近海沉积盆地的基本结构和形成演化规律。这些成果后来于 1992 年由地质出版社出版，并于同年获国家自然科学二等奖。上述系列图中有 8 幅被国际太平洋与大西洋编图委员会（GAPA）录入世界大洋图集。对中国海的长期研究与贡献使先生于 1995 年当选为联合国大陆架界限专家委员会成员，在国内外被誉为“中国海洋地质之父”。但先生自己总是说：“那不是我一个人的功劳，没有朱夏等老同志出谋划策，没有集体协作是不可能的。”

刘先生就是在这样的背景下调任中国科学院地球物理研究所所长的。当时，地球物理研究所缺乏明确的发展方向，科研条件与职工住房等与兄弟研究所相比都比较落伍。刘先生就任所长之后进行了认真的调查研究，认为从根本上讲，是由于没有把握好地球物理学的发展方向。因而，研究所的科研目标模糊，科研力量分散，研究人员空有才干，难以发挥。于是，刘先生纵观世界地球科学发展趋势，提出地球物理要与地质、地球化学等学科相结合，以解决国家战略需求为己任，把研究所的学科建设与研究任务相结合作为改革的切入点，于 1989 年 11 月召开研究所学术委员会，提出他的战略构想，建立了成像中心、高温高压岩石物性中心、地磁台链中心以及资料信息中心等四大研究中心，确定了沉积盆地综合研究、油储地球物理、岩石圈层研究以及地球磁场与空间电磁环境等四大应用开发课题。先生亲自领导了国家自然科学基金重大项目“陆相薄互层油储地球物理学理论与方法研究”的申请与实施，创建了地球物理研究所第一个“中国科学院高温高压地球动力学开放实验室”，并担任第一届实验室主任；提出了“浅层地球物理工程”设想，建立起一个崭新的前期工程咨询产业，延伸到金属矿产、石油、煤炭、建工、交通、水电等行业。经过三年多的努力，研究所凝聚了一批科研精英，科研活动重现勃勃生机，大型科研项目源源不断，发展态势一片大好。中国科学院时任院长周光召称誉先生“一个人救活了一个所”。

卸任所长职务后，先生依然心系地球科学的发展，疾呼“必须重振中国地球物理学的重要地位”。先生提出，必须坚持地球物理为国家服务的理念。我国经济发展的很多基础工作都需要地球物理学的支撑，如三峡工程、西气东输、南水北调、西部大开发、振兴东北老工业基地等，都离不开地球物理学。先生对我国固体矿产提出了“应用地质与地球物理方法攻深探盲，寻找大矿富矿”的方针，并亲自指导胶东等地金属矿床的勘探工作，取得不菲的成绩。后来他又提出军事地球物理的概念，指出地球物理学可以给视距外航母和水下潜艇定位，发射导弹要掌握空间重力异常情况，潜艇航行需要了解海底地形等。在这些涉及国家安全的问题上，需要未雨绸缪，迅速建立军事地球物理学，进一步拓展地球物理学的研究和应用领域，为国防建设服务。

1998 年，国务院作出建设国家创新体系的重大决策，决定由中国科学院开展知识创新工程试点。先生审时度势，认为地球物理要有大发展，必须要强化与地质、地球化学的深度融合。于是，他全力支持中国科学院地球物理研究所和中国科学院地质研究所的整合。两所整合工作于 1999 年完成，刘先生及其他老一辈科学家一起，为整合后的中国科学院地质与地球物理研究所提出了更高的战略定位，“面向世界科技前沿，面向国家战略需求和国民经济主战场，以固体地球科学为主攻方向，建设新型国际化研究中心”。整合后，研究所的地球物理与地质、地球化学的结合更加密切，创新能力和解决国家重大需求的能力大大加强，承担了多个国家科技重大专项，国家重大科研装备研制项目，国家重点研发计划，国家自然科学基金重大研究计划项目、重大项目、重点项目及中国科学院战略性先导专项项目等国家级重要项目，在固体地球科学领域做出了一系列创新性成果。

（二）

1996 年，先生在组织中国科学院重大攻关项目过程中，高瞻远瞩地提出，中国石油工业二次创业的出路在于突破海相碳酸盐岩。我正是从这时候起开始跟随先生学习油气地质 ABC 的。当时我曾代表先生向专家领导们汇报“油气二次创业”的学术思想和攻关路线。记得会后多位专家建议我向先生反映，说中国的海相油气前景黯淡。事后想来，这正说明，并非每一个科学家都能成为战略科学家的，真正的科学创新在一开始总是只赢得少数人的共鸣。先生听了这些不同意见后，没有丝毫动摇，依然坚持自己的主张。这是因为，先生提出的这一振聋发聩的重大科学论断绝非突发奇想，也绝非空中楼阁。

根据 1994 年全国油气资源评价资料，我国陆上和沿海大陆架沉积盆地总面积为 550 万平方千米，石油总资源量 940 亿吨。但我国石油资源的勘探程度很低，探明储量只占 22%。而且，勘探领域主要是陆相地层。先生说，从解放初克拉玛依油田发现以来的 40 多年间，我们“吃”的都是新生代和中生代的陆相石油，忽略了对海相地层的深入研究。先生从我国油气勘探历程出发，客观地指出，“陆相生油”为我国石油天然气的发展奠定了基础，是我国油气的第一次创业，但“陆相生油”理论也造成了中国油气勘探上的思想禁锢和认识误区。他说，在陆相油田力不从心的今天，我们是不是应该在前新生代海相地层中寻找油气呢?如果成功，这将是我国油气工业的第二次创业！

先生曾给我们讲过，他在“七五”期间主持东海油气调查时，在温州外面的海里打了一口井，叫灵峰 1 井。这口井打到了 2800 米深度时，在花岗片麻岩里获得 1 桶原油！花岗片麻岩里能出油？进一步的同位素测定表明，花岗片麻岩的年龄为 17.6 亿年，属元古代。那个时代地球具有生成油气的生物环境吗？这个事实告诉我们油气勘探的未知领域还很多，一定要解放思想。

先生还给我们讲了另外一件事。早在“六五”期间，先生就曾带队研究过上、中、下扬子地区的海相碳酸盐岩。当时的想法是认为浅海生油的环境会比陆相环境好，海相地层肯定有油。当然，也有一些地球化学家拿出有机质含量分析数据说，碳酸盐岩的生油量都很低。刘先生说，有一次他到麻江看了古油藏。麻江在贵阳东面，古生代时是个有 10 多亿吨储量的大油藏，但在中生代地壳抬升过程中受到剥蚀、破坏，所有油气都挥发了。先生对我们说：“虽然这种破坏很遗憾，但细想想，我们中国有 960 万平方千米的陆地和 300 多万平方千米的海域，是不是所有的古生代油气藏都破坏了？”刘先生深信还有残留下来的，据此先生提出了“海相残留盆地理论”。先生的这一创新理论明确指出，前新生代海相残留盆地将是我们中国油气勘探的新领域，也是我们创新攻关的重点方向。多年来，先生执着地带领我们寻找前新生代海相残留盆地，坚信只要保存条件好，古生代海相残留盆地就会比新生代陆相碎屑岩盆地更有利于油气的生成和储集。

1997 年国家重点基础研究发展计划（“973”计划）开始启动，先生立即组织我们代表中国科学院申请研究前新生代海相残留盆地的油气赋存规律。在先生的指导下，我们提出中国的地质条件具“叠合盆地”特征，顶层是新生代陆相盆地，中间是既有海相也有陆相的中生代盆地，下层主要是古生代海相盆地。残留的前新生代海相盆地有自己的油气生成和富集规律，一定要认识其原型盆地、改造过程和保存条件，要创新叠合盆地深层油气勘探理论与技术。先生指出，深层的残留海相地层和浅层的陆相地层很不一样，深层的残留盆地都经过了程度不同的构造改造甚至破坏，首要问题是要认识区域构造演化历史，进而揭示残留海相地层油气赋存状态；再有，经过构造改造或破坏的海相地层已成为形状复杂的地质体，地震探测的水平层状介质这一前提条件很难满足，加上埋深大，地震勘探有效信号识别难度大，这就要求我们必须进行理论与技术创新，从反射地震勘探数据采集、资料处理到地质解释，都必须针对复杂地质体采取相应的新思维与新技术，从根本上解决中国复杂盆地油气勘探的地震成像问题。经过论证，我们的“中国典型叠合盆地油气形成富集与分布预测”项目申请于1999年获得了科技部批准。先生亲任项目专家组组长，对项目的实施进行指导。

在两年多的项目实施过程中，我们对深层前新生代海相残留盆地的油气分布有了更加深入的认识，国内也已经在古生代海相地层中打到一批高产井。先生及时进行总结，高屋建瓴地指出，前新生代海相残留盆地已经不再是一个提法或假说，而是21世纪中国油气勘探的新领域、新方向，更是我国油气工业二次创业的重要突破点。于是，先生挥笔疾书，通过中国科协向中央建言《关于中国油气资源二次创业》。这份建议于2001年8月17日递交，仅仅过了10天，8月27日时任国务院副总理温家宝就做了批示：“要重视油气资源战略勘查工作，争取在前新生代海相碳酸盐岩地层中有新的突破。”9月，三大石油公司立即行动起来，积极部署对前新生代海相残留盆地的油气勘探工作。一时间，先生办公室的来访者络绎不绝，报社、电视台纷纷采访先生，进行报道，各石油公司的领导、专家则来拜访先生，请求对前新生代海相残留盆地的油气勘探进行具体指导。在先生高瞻远瞩的战略思想指导下，我国在海相油气勘探与开发中取得了重大突破，相继在渤海湾盆地、四川盆地和塔里木盆地发现了一系列大型油气田。特别是普光特大型超深海相整装气田的发现，为先生的油气工业“二次创业”理论提供了勘探与开发实践；紧随普光气田的重大发现，三大石油公司在中国的海相地层油气勘探开发中取得了一系列重大突破，我国油气工业二次创业出现了捷报频传的繁荣局面。与此同时，先生马不停蹄，针对我国油气勘探开发技术装备受制于人的被动局面，十几年前先生就前瞻性地提出要自主研发油气勘探开发的高端装备。在先生的指导下，中国科学院地质与地球物理研究所借国家实施“千人计划”的良机，从国外引进高端装备研发团队，组织国内相关领域科研技术人员，对海底地震仪、MEMS 数字检波器、万道地震探测装备等关键核心技术进行攻关；当我们今天面临贸易保护主义抬头，关键核心技术更加受制于人的国际大环境时，我更深切地体会到先生战略科学家的长远目光、宽阔胸怀和超人胆识，更深切地体会到一位战略科学家对国家发展的重要。

我们的国家需要像刘光鼎先生这样的战略科学家！

我们永远怀念刘光鼎先生！

行止于景行　仰止于高山

——诚重悼念刘光鼎先生

陈　颙

南京大学

刘光鼎先生因病医治无效，于 2018 年 8 月 7 日 18 时 50 分在北京逝世，享年 89 岁。刘光鼎先生为祖国的科学事业呕心沥血奋斗七十载，是我国海洋地质与地球物理学科的奠基人。刘光鼎先生是一位远见卓识的战略科学家，他提出的中国“油气二次创业”等重大科学论断成为油气资源勘探开发的国家战略。作为杰出的教育家，他治学严谨，诲人不倦，培养的众多学生已成为地球科学领域的中坚力量，为我国地球科学事业发展做出了重要贡献。几十年来，刘光鼎先生是我最尊敬的良师益友，刘先生的生日在 12 月 29 日，我的生日也在年底，刘先生带着我一起过生日，一带就带了二十几年。噩讯传来，夜不能眠，写下此文，是我对先生诚重的悼念。

开拓创新，高山仰止

刘光鼎先生 1929 年生于北京，籍贯山东蓬莱。1952 年毕业于北京大学物理系。1980 年当选为中国科学院学部委员（1993 年改称

注：“高山仰止，景行行止”见于《诗经·小雅》，意即：像高山，令人敬仰；像大路，让人遵循。

院士），是当时最年轻的学部委员之一。

刘光鼎先生最具声誉的称号是“中国海洋地质之父”。他一辈子为中国寻找石油，特别是为中国海洋能源开发所作的贡献，被称具有“开创性”。

刘光鼎先生 20 世纪 50 年代末到苏联考察了海洋物探工作，参与了苏联黑海海洋物探工作。60 年代初在国内组建了海洋地球物理勘探队伍，在当时非常艰苦的条件下完成了中国自己的海上物探工作。1982 年完成“中国海地质构造及含油气性研究”，在中国近海大陆架地区发现六大新生代沉积盆地及一系列含油气构造。1995 年，刘先生主编的《中国海区及邻域地质-地球物理系列图》获国家自然科学二等奖。

2001 年 8 月 17 日，刘光鼎院士给国务院领导写了一份关于中国油气资源第二次创业的报告。油气二次创业提出后，这种开拓创新的思想造就了几代油气科研工作者。

大道无痕，景行行止

刘光鼎先生曾在大学、地矿部和中科院工作过多年，但他的活动和影响是跨部门和跨学科的。他长期担任中国地球物理学会理事长等学术领导职务，早在十年前，他率先在中国地球物理学会举起了“地球物理和经济建设”的旗帜，率先开展了与美国地球物理学会和美国勘探地球物理学会长期友好的合作，率先在科技部领导下实行学会评奖的试点工作。在刘先生主持下，中国地球物理学会成为了地球物理工作者之家，成为了全国地球物理事业创新活动的大平台。

刘光鼎先生用他的实践，不仅教给我们如何做事，也教给我们要如何做人：理想、追求和乐观。“刘光鼎地球物理奖学金”用来帮助那些有理想和追求的年轻人。刘先生身上永远充满阳光，尽管工作繁忙，但他每天早晨都要坚持练太极拳。刘光鼎先生在太极拳领域有着极高的造诣，曾出版过太极拳方面的专著，并且产生了很大的影响。他说太极拳并不难，难的是一辈子坚持锻炼。刘光鼎先生还爱好写诗，曾出版《渔樵之歌——刘光鼎诗词选集》。同时，刘光鼎先生还是一个武侠小说迷，他的公文包里总是要放上一本武侠小说，在出差的路上看上一看，是一件惬意的事。

刘光鼎先生一生光明磊落，克己奉公，严于律己，宽厚待人，对党、对国家、对人民无限忠诚；他用无私奉献谱写了精彩的人生，为我们树立了光辉的典范，他的逝世是中国科学界的重大损失，我们深切怀念刘光鼎先生，沉痛悼念刘光鼎先生！

刘光鼎先生千古！

挚念刘光鼎院士

王　颖

南京大学

刘光鼎院士于2018年8月7日在北京逝世，消息传来，不胜悲痛！其生姿勃勃的形象却始终萦回于脑际：一代科学英才、创建中国海石油勘探巨业、功勋昭著，身教言传、力行楷模、培育人才、奉献继世，光明磊落、无私奉公，严于律己、忠厚待人，诗文并茂、酌酒促勤，宏才大略、太极国粹传人。

最早与刘先生相识，是在1963年3月，在青岛东海饭店——一座屹立于黄海之滨的基岩海岸上的淡绿色船舰型建筑——举行的一次重要的海洋会议上。会议是由国家科学技术委员会海洋专业组召开的，研讨我国海洋科学十年发展规划草案。与会专家一致认为，为加速发展我国海洋事业，建议成立“国家海洋局”。至今我仍记得会议代表的形象：国家科委出席的是王遵伋处长，一位和蔼可亲、文质彬彬的女处长；出席的海军代表：袁也烈少将，马靴戎装、一派将军气概，海洋组副组长于笑虹将军，身着挺括的海蓝色呢装，身着海军便服的刘志平大校主持会议，航保局的律巍、刘恩兰教授（海军将军级待遇的特聘专家）、秘书万延森中尉（南京大学地貌专业，1958年毕业）；中国科学院海洋研究所所长童第周教授，副所长张玺及曾呈奎（均为海洋生物专家，张玺发言谈到贝类“招潮”，还以手势表达），物理海洋学家毛汉礼研究员及尤芳湖助理研究员；海洋地质界代表为长春地质学院的业治铮教授，北京地质学院地球物理勘探教研室主任刘光鼎先生；高校代表有：山东海洋学院教务长赫崇本教授，南京大学任美锷教授及助手王颖讲师。会议经过热烈讨论，一致建议成立国家海洋局。仍记得会议全过程十分保密，甚至晚间放映电影“地道战”，非一定级别不得入内，王颖进入被阻，经过同行的王遵伋处长解说，得以观看。若干年后，重游故地，东海饭店杂立于众多的房建之中，已不显当年雄伟之姿。当年的代表多故世，可能仅余万延森和我——两位代表的助手了？！国家海洋局建立55年后，也已改变，世事沧桑，在缅怀故人之时，值得留记。

现今追忆，当年刘光鼎先生不过34岁，但已事业有成，发言时谈到在海上地震勘测，有时甚至租用木质渔船“放炮”，乘风破浪、工作艰苦，但却获得渤海油气构造，为打破国外对中国的石油封锁，继大庆之后，二次创业，开发海洋油气，功勋昭著。他与业治铮教授一起，师友相交、十分默契。业先生文质彬彬、和气而不苟言笑，刘先生身穿棕黄色皮夹克，具有海洋地质人气魄，会间很少与人交谈，我感到他俩均有些傲气。没承想，至20世纪80年代，却成为我的良师益友。当然，也缘于地质部海洋地质研究所在南京，同一地区同为海洋地质领域工作，联系交往密切。尚有一印象，大约是在20世纪60年代“文化大革命”中后期，我们均遭批判，偶然地在杨公井遇到刘先生，苦中作乐共同餐叙，他谈到被“革命群众”追捕躲藏，幸得一工友热诚相助……虽经颠沛流离之苦，但仍坦然小酌，热衷于海洋石油地质工作，豪情不减。我深受鼓舞，深感这位年华正茂的老党员忠贞于中华、大气凛然！后来，形势好转，80年代以后，他出差到南京，我们经常交流，邀请他给南大师生讲学，其间我常备洋河大曲，请他品尝，他也很高兴地交谈，但只喝不带，即使是贵州茅台，喝不完，也存放南京友人家中，以备下次再饮，他告诉我：“老太太照顾我健康，劝戒酒。”我十分理解师母之深情，但也理解，海洋考察，风寒重，为赶潮时及在风浪平静时加班多做，饮酒却是驱寒、提神的重要手段，可以理解。我知道地学界中常以业治铮院士、刘光鼎院士及朱夏院士为“新生代”的酒仙。我不认识朱夏院士，而常听到人称刘先生为“海洋地质之父”，我认为：业先生是海洋地质之父，因此总会说：“刘先生是海洋地质之叔”，每当此时，刘先生总是注视我而不表态，似乎是“不同意”？但不值得反驳！他们二位是我国海洋地质与油气勘探工作的开拓者，一位着重于沉积学研究与人才培养，另一位着重于海洋物探，均为调研与圈定油气藏构造与层储，各有所长，按中国习惯，十年为一代，所以，我认为：年长者是父，年轻者是叔。

刘先生大气豪爽，却又有深厚的文学与武学功底，他是吴氏太极拳一代传人，也爱看金庸武侠小说。我酷爱阅读文艺小说，但不热衷于武侠小说。受刘先生身教启示，去书店购买了金庸全套，准备阅读，不知为何，灵机一动，也订购了一套给刘先生，结果惹了麻烦，成纸箱的书到后，刘先生自己搬不动，设法借了一个小铲车，推运回家。事后，我很内疚，检讨自己不动脑子的突发行为，那么多册的书籍，他怎么能搬得动呢？在学校工作有学生帮助，研究所下班后同事均回家，只能自己取！这些细节小事，却萦回于脑，至今不忘。

刘先生从北大物理系毕业，至工作岗位从事地球物理勘探与教学，应事业所需，专业能力不断进步与扩展。为探寻海洋石油，他又从事于发展海洋物探，圈定海洋油气藏，为发展祖国海洋石油工业，为解除以油气能源封杀新中国工业发展的危机，建功立业。时时进步，终生奉献。他的为人、为学、为业的爱国奉献精神，在海洋科学的建树，开发油气能源之成果，将永铭于史，永驻于我心，始终是我学习的榜样。值此年逾 83 岁之后，谨以片断追忆补白，以志纪念。

回忆科技界的英豪

——刘光鼎院士

杨文采[1]　郭爱缨[2]

1. 浙江大学；2. 中国科学院地质与地球物理研究所

著名地球物理学家刘光鼎院士是中国应用地球物理学和海洋地球物理学教育的主要奠基人之一，是中国第二代地球物理学家的杰出代表。他开创和发展中国海洋地球物理学，引导中国油气勘探的战略方向，取得丰硕成果。他发展融合了中国地质学和板块构造学说，筹建了中国最早的应用地球物理学和海洋地球物理专业。他在汇编、标定和同化中国海地磁场、重力场、地温场、大地电磁场、地震反射波场与纵横波速度场的基础上，依据板块构造学理论和方法，查明区域地壳与上地幔物理性质的不均匀特性及其发生原因，提取出准确信息，为中国海沉积盆地油气评价和新区油气资源远景评估提供基础资料，为预测成矿远景区提供了正确方向。

科技界的形象大都是白面书生，少有英雄的豪气。刘光鼎院士与众不同，不仅书法文章惊人出众，为人处事旗帜鲜明，豪气冲天。他的豪气经常给我们这些学生力量和信心。再难的事经过刘先生一指点，就豁然开朗了。

2000 年世纪更换，我有感而发，写了一首诗：

世纪回眸——从事地球物理 40 年

思海寻针四十年，攀山涉水地球间。
文文采采书数本，潇潇洒洒诗几篇。
才疏志大尾常露，木讷知愚欠机变。
人生难得明分寸，百无一用是书生。

当时我沾沾自喜，去见刘先生，想请他写一幅字留念。见面后刘先生也拿出他的诗一首给我看：

青春横剑闯大海，
白发执杖走众山。
寻油觅气千杯醉，
祭风朝雨铸灵魂。

我看后羞愧万分，知道自己心胸气概太差劲了，酸味十足，还自以为高雅，真的不配当刘先生的学生啊。

刘先生的英雄豪气，来自为国为民的坚定信念，和对地球科学事业的深情热爱。1959 年，他第一个登上中国的地震勘探船，在渤海勘探石油。“青春横剑闯大海”，是何等的气概！2008 年，80 高龄的他和牟书令副总一起，计划全国古生代海相残留盆地的油气勘探。“寻油觅气千杯醉”，是何等的执着！

刘先生文武全才，太极拳和书法，都体现了刘先生的英雄豪气。他用微积分解释太极拳和推手的功夫，文武艺技无缝结合，令许多人张口结舌。都说文如其人，从刘先生的书法可以看出，刘先生的英雄豪气，不是武松和鲁智深的豪气，而是大文豪苏东坡的豪气。他的书法线条清秀典雅，刚劲有力，充满了大文豪的文人气息；笔法在端正稳重之中，又灵动豪放，毫不拘泥，没有一点书呆子的迂腐气息。在隆重的场合，刘先生端正稳重，深沉刚劲；在朋友圈，刘先生清秀典雅，毫不拘泥；在关键时刻，刘先生豪气冲天，气势如虹。像刘先生这样能把多元的个性运用自如、发挥得淋漓尽致的人，真是少之又少。

对20世纪中国的工业化和现代化，石油能源问题不仅关系国民经济发展，而且还涉及国家安全。鉴于我国没有特大型克拉通盆地发育，一直还没有找到像中东、西西伯利亚那样大的巨型油气田。在双辽盆地和环渤海盆地发现了50亿吨级特大油气田后，第三个特大油气田在哪里？一直是刘先生等地球科学家苦苦求索的问题。刘先生认为，塔里木盆地的油气远景储量最大，可以超过双辽和环渤海。该盆地生油期很长，起到保存油气床的盖层（如膏盐层）也普遍发育，生油储油和保存油气的条件比中国其他盆地都好，可以把塔里木盆地作为寻找中国第三个大庆的远景区的首选。他提出中国油气二次创业的战略目标，是前新生代海相残留盆地的油气勘探。1984年，在他主持下发现了塔北油田，后来又发现了塔中油田和塔河油田，证明了他的战略思想和科学路线的正确。他科学报国的理想为国为民作出了贡献。

不过，刘先生也有纠结的时候。刘先生多次在科学报国和从政报国之间纠结过。1949年北京一解放，早就在北京大学参加革命的刘先生，成为北京市市长彭真的一位秘书。后来刘先生放弃了从政报国的道路，选择了科学报国，和傅承义教授一起，到北京地质学院创办了地球物理勘探系。1980年，地质矿产部的孙大光部长把刘先生调回北京，作为提拔副部长的后备人才，刘先生又在科学报国和从政报国之间纠结。在傅承义教授的力举之下，他来到中国科学院地球物理研究所当了所长。他说：做革命的知识分子真难，又要红又要专，再努力也不一定能把两方面都做好。在我们看来，他已经做得非常好了。

刘先生去年离开了我们，他栉风沐雨铸就的灵魂永远留在祖国大地上，留在他众多的学生心中。他为国为民的坚定信念，自强不息的精神和对地球科学事业的深情热爱，都是我们要努力学习的榜样。在怀念刘先生去世一周年的今天，让我们学习和继承刘先生的豪情壮志，为发展地球科学和实现伟大的中国梦努力奋斗。

永远铭记刘光鼎先生的关心教诲

马永生

中国石油化工集团有限公司

今年 8 月 7 日，是我最敬重的师长——刘光鼎先生仙逝一周年的忌日。追思往事，先生慈容在目，言犹在耳，教诲在心。

赠字激励

“宝剑刃上没坚石，骏马面前无深壑”，这是新世纪重阳日，先生赠予我和我的团队的一幅字。我认真找了家装裱店把它镶裱挂在办公室。二十年来，我从北京到昆明，又从昆明回到北京，办公室多次更换，但室内唯一没有变换的就是这幅珍贵的字。每次抬头看到它，先生对我的勉励和教诲就会萦绕心头。

我与先生相识在昆明。1999 年 5 月，中国石化集团公司党组派我到昆明组建南方海相油气勘探项目经理部，落实“准备南方”的资源战略。恰逢先生在昆明参加全国会议的机会，我主动承担先生野外考察的向导。一路上我向先生详细汇报了我对南方海相油气勘探潜力的认识。先生勉励我说，南方海相大有可为，希望早日听到你们的喜讯。虽然南方海相油气勘探一直被认为是世界级难题，但先生的鼓励让我对海相油气充满了憧憬。然而，勘探工作并没有一蹴而就。一年后，当我回北京拜访先生时，因为勘探进展并不如计划中顺利，心情多少有些沮丧。先生听完我的倾诉，给我谈起了他关于中国大地构造格局与油气分布的认识，信心十足地告诉我说南方海相大有前途，激励我要敢于攻坚啃硬，勇于负重前行。先生本就有诗人气质，一时兴起，即兴挥毫写了上面那幅字赠送给我。

高层呼吁

1999 年过完 70 岁生日，先生已是古稀老人，但仍壮心不已，心系祖国的石油事业，担任着“中国海相碳酸盐岩油气富集机理与分布预测”等多个国家项目的专家组组长。他从地球物理场出发探讨“中国大地构造宏观格架”“中国前新生代海相残留盆地”等地学前沿领域，不断在重要学术会议和重要学术期刊上阐发新的理论认识和技术思想。

2001 年年初，在一次全国性学术会议上的空闲时间，我再次有幸聆听先生教诲。他说，过去 50 年，中国石油工业第一次创业在古近系和新近系陆相地层获得了石油，取得了年产近两亿吨的巨大成就，甩掉了“贫油”的帽子。随着勘探开发程度的加深，陆相油气的巅峰期已经过去，那么中国油气的“第二春”在哪里呢？在中、古生代的海相碳酸盐岩领域。这是他从研究中国大地构造和前新生代海相残留盆地中得到的新认识。他还认为，南方海相是中国油气资源的重要战略接替区。他不仅要把自己的研究和成果提供给我们这些一线的勘探科研人员，还要利用自己在学术界和社会层面的影响力呼吁高层重视海相油气勘探，从国家政策层面支持一线勘探工作者。我听了先生的一席话，既兴奋，又深感肩上沉甸甸的责任。

2001 年 8 月，先生完成了中国海相油气勘探史上一件意义非凡的大事——他上书国务院，提出了进攻海相领域、展开中国油气资源二次创业的建议。时任国务院副总理温家宝同志高度重视，很快批示：“要重视油气资源战略勘查工作，争取在前新生代海相碳酸盐岩地层中有新的突破。”

中国石化集团公司党组领导积极贯彻家宝同志的批示精神，虚心接受先生的建议，要求我们坚定信心，瞄准沉寂多年的南方海相这个目标，支持我们在海相领域大胆探索。先生的建议和高层领导的支持为我们这些在“饱受争议的领域”苦苦探索的勘探工作者们提供了精神动力。

亲临教诲

从1999年到2007年，我在南方海相勘探一线工作了近9年。先生前后10余次亲临勘探一线为我们提供指导。

2005年5月，先生参加中国石化在重庆举办的南方海相勘探研讨会。当他得知我们在川东北发现了国内规模最大的海相整装气田——普光大气田，并取得多个重大突破时，先生异常高兴。他激动地说:“我要向中国石化组织和从事南方海相油气勘探的同志们致敬。南方海相油气勘探在20世纪持续了近50年，收获不大，国内有些同志开始持怀疑态度。中国石化的这些同志敢于突破前人，敢于站出来承担责任，这需要很大的勇气。更难得的是，短短四五年时间，他们扎实工作，重视基础研究和技术进步，在前人不看好的区域发现了普光特大型气田，打开了川东北地区海相勘探的大场面，证明了南方海相广阔的勘探前景。”先生这一段发自肺腑的即兴演讲，鼓舞了全场专家学者领导，同时更让我们这些一线勘探工作者倍感振奋。也是在这次会议上，先生提出了中国油气未来发展的“三海”(即海相、海域、海外）战略。

先生每次来到勘探一线，都会给我们提出中肯的建议和具体的指导。他曾建议南方海相勘探要两个拳头打出去：一个拳头打向大川东地区，包括川东北、川东南、黔中和鄂西-渝东地区，扩大勘探战果；另一个拳头打向中、下扬子地区，建立中长期战略接替区。建议我们着手建立前新生代海相残留盆地地质理论，形成南方海相勘探技术系列，为油气资源二次创业提供强有力的支撑，等等。这些具有战略意义的建议给勘探实践和科技攻关提供了正确指导。

中国石化后来又相继在南方海相领域发现了元坝气田、涪陵页岩气田等大气田，中国石油也相继发现了磨溪等大气田。先生生前提出的中国油气资源二次创业的建议正在变为现实。我将永远铭记先生的关心和教诲，弘扬先生永不停步的探索精神，努力为石油工业发展、保障国家能源安全多作贡献。

怀念大师

李家彪

自然资源部第二海洋研究所

刘光鼎先生于我是丰碑，是楷模，是我终身学习的榜样。

初识刘先生是他来同济讲学，与朱夏先生等同济构造和地球物理组的老师一起讨论油气盆地形成演化规律问题，其间与朱夏先生题诗赋词，挥毫互赠，风雅笑谈古今中外，煮酒论英雄。这是我学生眼里第一次看到的身边的大师、文豪！

熟识刘先生是从国家“973”项目“中国边缘海的形成演化及重大资源的关键问题”的立项申请开始的。1998 年，刘光鼎、秦蕴珊、欧阳自远、金翔龙四位院士聚首北京，谋划布局海洋地质与地球物理的未来发展方向，共同把目光投向了中国边缘海。当时“973”计划启动不久，项目有限，竞争激烈，老先生们胸怀事业，协调各方，并大力举荐我们年轻人担任首席科学家，使我们得以较早地被拉上“战车”，沙场练兵，磨练才干。两年的立项申请，经常直接从机场到当时地处北沙滩的中科院地球物理所，深入研讨、凝练主题、几易其稿。刘先生总是认真阅读、仔细修改、细心指导，常常在办公室、餐桌边、旅行中深入研讨重要科学问题和关键技术方案，甚至是新动向、新想法，让我有足够时间深刻领悟先生的大思路、大胸怀、大豪情。

刘先生之前一直担任我所海底科学重点实验室的学术委员会主任，每年都来杭州参加海底科学学术年会，指导实验室发展方向。

他的报告和讲话深深地散发着家国情怀，总是强调学术方向必须立足国家需求，不能唯 SCI 论文，要真正为维护海洋权益做贡献，是最早践行“把论文写在祖国大地上”的科学巨匠。每每先生来杭，金翔龙先生总会拿出他的好酒，在挥毫泼墨、把酒酣畅时会笑我不胜酒力日后难成大事。所谓酒品如人品，刘先生的豪气深深使我领会到做学问要先做人，豪情之中出学问。

刘先生是侠客，对年轻人总是慷慨相助。每当我们因学问剑走偏锋、徘徊不前而求教于先生时，他总能拨开云雾、指明方向，使人峰回路转。我在组织两期“973”项目的十余年和日后担任所长期间，先生一直是亦师亦友，把他人生的感悟无私地与我分享，教我做人做事做学问，使我终身受益。

英雄暮年，壮心不已。在他晚年身体不好的情况下，还时时关注发展海洋科技，关心维护海洋权益，真正把自己的一生献给了国家和民族的发展。2018 年 6 月，我在去希腊参加 ISO 主席战略专家组会议途中得知刘先生病情反复，当即在返回北京后直接去看望先生。先生当时虽身体有恙，口齿不是很清，但谈锋仍健，我们围坐于先生家中，听他谈论海洋科学的需求与前景，听他关心着二所海底科学实验室和年轻科学家的成长，心中感慨至极。临别时，先生将他新出版的著作赠予我们，我环顾先生的书房，笔墨纸砚依然如故，书文著作堆叠齐整，先生坐在夕阳中，泛着淡淡的光辉。

原本以为日后还有时间再看望先生，不想此趟过后不久先生就住进了医院，两个月后传来噩耗，我在先生书房的那一下午便成了与先生的永诀。现在，当我每天走进我所的大门，望着刘先生题写的我所所名的十二个金色大字，总能想起刘先生的音容笑貌，想起他与二所、与我的多年缘分，刘先生永远活在我们心里！

追忆大侠院士刘光鼎先生

邹才能

中国石油勘探开发研究院

逝者如斯夫，不舍昼夜。时间是无情的，它催生了华发，改变了容颜，带来了生死；但它又是多情的，记下了功绩，积淀了友谊，留下了思绪。刘光鼎院士于我们正是如此。先生与我相识于业务，相知于武学，对我的为人处世和事业发展产生了深刻影响。先生虽已仙逝，但我们永远铭记这位文治武功的学界泰斗和武学大师。追忆昔日幕幕，仿佛就在昨日，令人嘘唏嗟叹。谨忆二三事，聊表缅怀之情。

侠之大者的人生哲学

中国科学界有位大侠院士，打得一手好太极，说的就是刘光鼎先生。再映衬上他崇高的学界地位和人们对武学的狂热追捧，久而久之传颂成当代“江湖”的一段美妙“传奇”。先生生平“两大得意”：一是在地球物理与海洋地质领域的学术造诣，业界冠以“中国海洋地质之父”美誉；二是对吴式太极拳的继承发扬光大。所著《太极拳术——理论与实践》开创性地用力学原理解释太极拳真谛，对吴式流派的拳架和推手见解独到，许多套路和要义都以七言歌诀形式表达，朗朗上口，易学易记，犹如科普一般，对太极拳的普及和推广功不可没，慕名求教者络绎不绝。作为晚生，有幸与先生交往，日久惺惺相惜，不仅是作为求教者，更是源起于我们对武学的共同喜好，趋同于在武学心得上的人生感悟与共鸣。

先生孩提时代就开始研习吴式太极拳，崇尚“以柔克刚”“四两拨千斤”；我自幼研习峨眉铁臂金刚拳，崇尚“以撒通身皆是手”。一个主柔，一个主刚，尽管拳种、拳式和要义不尽相同，但武学奥妙贵在武魂精神的趋同。先生有生之年，遗憾没能一起进行招式上的演练和切磋，但有幸多次进行过心得上的沟通和交流，送我签名版的《太极拳术——理论与实践》专著。先生跟我讲：“太极是个阴阳鱼，你强我弱，我弱你强，强弱的转化随时发生，强到极致会垮台，弱到极致会新生，不要讲究针锋相对，重要的是平衡与和谐，太极的哲学思想，耐人寻味。”聆听先生一席话，心有灵犀一点通，感受到先生的武学境界已然超凡：于自己，讲究上下联动，形体平衡，心体合一；于对手，讲究共生共赢，和谐至上，不

图1　2005年刘先生送作者武术专著的封面

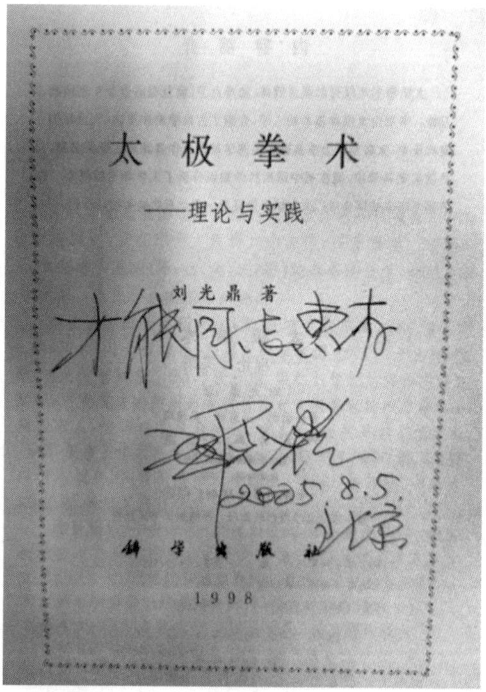

图2　2005年刘先生送作者武术专著扉页的亲笔签名

再是简单的敌我存在，不再是单纯地追求输赢。先生的人生智慧深深触动了我，对我的武德修炼与提升给予了启发和指导。回首总结自己的习武经历，每个阶段确实都有不同的感悟：从初始到略有小成，追求的是创拳建招，专研绝招，一招制敌；再到拳术精进之时，追求的是论武论道，不战而屈人之兵；随着人生阅历的丰富和武德修为的提升，终于明白尚武精神的真谛乃是化敌为友。我把自己的所感所想向先生汇报，他连说三次“异曲同工”以示赞赏和鼓励。武品即人品，武德即人格，为人处世何尝不是如此。

敏锐前瞻的战略远见

中国人创立并发展的“陆相生油理论”，彻底驳倒美国地质学家抛出的“中国陆相贫油论”。半个世纪的勘探开发实践，获得年产原油 1.7 亿吨的巨大成就，名列世界第五位，一举摘掉“贫油国”帽子，不仅支援了国家经济建设，而且以陆相生油闻名于世。先生称之为“中国油气的第一次创业”。陆相找油的丰硕成果，让国人沉浸在喜悦之中，尽管当时许多油气田产能已经开始下降，勘探发现大油气田的概率越来越低，但业界对“陆相生油理论”的信奉坚定不移，目光仍然聚焦在陆相油气。同时，随着国民经济的快速发展，石油供需矛盾日渐突出，2000 年进口原油已达 7000 万吨，形势已经变得严峻。如何另辟蹊径，突破思想桎梏，打破这汪“平静湖水”，时代呼唤敢于扔出第一颗“石子”的人。

先生正是扔出这第一颗“石子”的科学家。据他回忆：“2001 年提出要在海相地层找石油，这是过去 50 年中国没有找过石油的地方。言论一出，业界哗然，甚至有人诋毁说是胡说八道，但我选择坚持，相信自己的判断。”同年的 8 月 17 日，先生上书国务院，提出关于中国油气资源第二次创业的建设性意见，8 月 27 日，时任国务院副总理温家宝同志很快做出批示："要重视油气资源战略勘查工作，争取在前新生代海相碳酸盐岩地层中有新的突破。"先生的坚持，国家的支持，在这一方针的指导下，按照海相生油理论，十年间找到的油田有日产千吨的胜利油田"胜海古2井"、储量近10亿吨的塔河油田、储量超过2500亿立方米的普光气田，还有近年来在四川盆地川中震旦系、寒武系发现的三级储量1.5万亿立方米安岳碳酸盐岩特大型气田。我作为主要研究人员，参与了安岳大气田的研究和发现，在深层海相古老碳酸盐岩发现如此整装规模的大气田，更加坚定了海相找油气的信念和信心，这对落实国家要求加强国内油气勘探力度的方针意义重大。切身的勘探实践体验，更加深刻感受到先生提出"海相地层找油气"建议之伟大，极大地拓展了国内油气勘探领域。当前及未来一个时期，"双深"（深层深海）和海相页岩油气已经成为业界公认的油气勘探重点领域，我们仍在不断践行在"中国油气第二次创业"的前进道路上。船行千里靠明灯，先生足以感到欣慰。

"侠之大者，为国为民"，出自金庸所著《射雕英雄传》第二十回，郭靖向杨过阐述"侠"的含义。先生一生钟爱武侠，尤喜金庸，最爱令狐冲，以此言评价先生恰如其分：先生性情豪迈，有侠者之风。一生唯理唯学，仗义执言，全凭心性。他自言，"酒照喝，肉照吃，天天打太极，身体倍儿棒。"生活中就有武侠世界的影子。先生文武全才，有侠者之能。一生著书立论，传道解惑，成为我国海洋地质研究的先驱者和传统武学文化的传播者。先生忧国忧民，有侠者丹心。一生踏遍山川，游历湖海，为国找油，为民找气，为国家的能源事业发展做出了卓越的功绩。

先生虽已离去，但精神长存、思想长青、功勋长留。吾辈自当以先生为楷模，继承其精神，发扬其风格，践行其思想，为新时代中国能源事业发展"不用扬鞭自奋蹄"。

图3　2011年2月15日刘光鼎先生（中）评审石油科技项目后与作者（左）及李明（右）合影留念

深切缅怀刘光鼎先生

潘永信

中国科学院地质与地球物理研究所

刘光鼎先生是一位德高望重的前辈。谨以此短文略表对先生的敬仰和缅怀之情。

刘先生是我国杰出的地球物理学家，他为我国地球物理事业发展奉献了毕生精力。正是有像刘先生这样的老一辈地球物理学家们多年的不懈努力，新中国的地球物理学发展才取得了令世人瞩目的成就，为祖国经济建设和可持续发展作出了重要的贡献。

刘先生 20 世纪 50 年代初任教于北京地质学院，现在的中国地质大学（北京），他是我国海洋地球物理学的创始人。1980 年当选中国科学院学部委员。刘先生曾长期担任中国地球物理学会理事长，他坚持从国家利益高度和地球科学学科整体布局与发展出发，积极推动我国地球物理发学展。他坚持地球物理学研究要服务于国民经济发展主战场和国防安全的定位，譬如，推进油储地球物理学研究，倡导开展具有自主知识产权的地球物理仪器研制，提倡“产-学-研”培养模式，提出海相油气二次创业的指导思想，促进了我国石油资源勘探事业的发展。作为一名地球物理学家，他重视综合地球物理学研究，鼓励地质学与地球物理学研究相结合，他高瞻远瞩的战略思维，为地球物理学科的健康发展做出了卓越贡献。

在我学术生涯发展的不同阶段，有幸多次得到刘先生的指导。第一次见到刘光鼎先生是 1995 年到中国科学院地球物理所读博士学位的时候。他刚刚从所长位置卸任不久，先生的办公室在研究所二层东端。记得第一次见到他的时候，心中难免有些紧张，先生开门见山的率直性格很快便消除了我原有的紧张。之后，曾多次向先生汇报过我的阶段性研究设想，每次得到更多的是他的鼓励和指导。他的视野和谈问题的高度，令我茅塞顿开，终身受益。

前几年，刘先生年事已高，身体较弱，但仍坚持每周到办公室上班，他的心中一直在关心地球物理学发展和研究所发展。在他去世前一个月，因肺部感染住在中日友好医院，在病床上的他心中想的还是工作。记得那天研究所几位老师和我去医院看望他，他还请郝天珧老师把办公室桌子上待处理的几份研究报告带给他。他躺在病床上身体已非常虚弱，连讲话都很困难，但还惦记着工作，令我心中感到震撼，充满敬仰。高山仰止，刘先生永远是我学习的楷模。

刘先生性情豪放且洒脱，一身浩然正气和侠骨柔情。许多人都知道，先生文武双全，不仅写得一手好书法，而且习得一身好拳法。他是太极拳的传人，曾送给我他著的《太极拳术——理论与实践》，很遗憾一直没有机会向先生学习。

刘先生曾长期担任《地球物理学报》和《地球物理学进展》两刊的主编。在刘先生的领导下，两刊已成为我国地球物理研究人员之间学术交流的重要载体，相关产业部门分享最新研究成果的重要平台，在我国地球物理学界具有不可替代的地位和影响，获得了无数的荣誉和奖励。刘先生辞世后研究所和中国地球物理学会领导委托我做《地球物理学报》和《地球物理学进展》的主编，我深感肩上这份担子的分量。我将继承先生遗志，虚心学习，坚持两刊定位，与编委会和编辑部的同志们共同努力，严把稿件质量关，扩大刊物国内外学术影响力，尽最大努力把两刊办好，为我国地球物理学事业发展奉献一份力量。

丹心踏汪洋　四海是故乡

——追忆刘光鼎院士

郝　芳

中国石油大学（华东）

时光荏苒，逝者如斯。转眼之间，刘光鼎先生离开我们已经近一年了。若刘光鼎先生还在，今年也将迎来 90 诞辰。在这个时间节点上，回顾刘光鼎先生的光辉一生以及对我人生之路、学术之路的启发影响，深感钦佩与感恩，遂撰文以纪念先生。

刘光鼎先生在中国地学界一直是一个“传奇”，也是我从青年时期就敬仰的大师。早在 20 世纪 80 年代，刘光鼎先生就已是国内外著名的海洋地质和海洋地球物理学家。当时在武汉地质学院读书的我，对曾在母校工作过的杰出校友刘光鼎先生，有一种天然的感情和特别的仰慕，他的学术主张和战略思想也在潜移默化地影响和激励着我。

刘光鼎先生是中国海洋地质与地球物理学科的开拓者和奠基人，被誉为“中国海洋地质之父”。1958 年，他创立了中国第一支海洋物探队并担任队长；1960 年，在北京地质学院成立了中国第一个海洋物探教研室并担任教研室主任；1965 年率队开展了对渤海的地球物理勘探，在当时迈出了海洋地球物理勘探开拓性的一步；继在 1965 年发现渤海盆地后，又对南黄海、东海开展了以石油地质为主的海洋地质调查，并于 20 世纪八九十年代，主编完成中国全海域的第一套地质地球物理系列图……刘光鼎先生海上漂泊三十年，栉风沐雨、踏浪而行，足迹遍四海，将毕生精力投入到为祖国找油的事业之中，正如先生在1996年所作的《情寄海图》一诗中抒发的那样："三十年大海情深，狂风巨浪铸灵魂。青天碧水多辽阔，妙手取出聚宝盆。"刘光鼎先生以其开创性的贡献，树立起我国海洋地质领域一座又一座里程碑，指引和激励着一代代石油地质科技工作者接续奋斗、砥砺前行。我亦追随先生足迹，致力于渤海湾盆地油气勘探研究。前不久，渤海油田发现渤中19-6大型凝析气田，这是中国东部发现的第一个大型凝析气田，也是我国首次在陆相湖盆发现大型凝析气田。饮水思源，收获怀耕。在倍感欣慰之余，更加感念刘光鼎先生以及他所做出的奠基性贡献。

刘光鼎先生是一位具有远见卓识的战略科学家，是中国油气"二次创业"的倡导者。进入21世纪，针对国家油气资源短缺、对外依存度高的问题，刘光鼎先生以其家国情怀和战略远见上书国务院，建议在前新生代海相地层中寻找油气，提出中国油气"二次创业"的战略思想，得到中央领导的重视和支持。近年来一系列大型海相油气田的相继发现，无不浸透着刘光鼎先生的宝贵心血。刘光鼎先生曾明确提出："当陆相油气开发的巅峰期过去后，我国油气接替二次创业的主战场必将转向海相地区。"他强调技术方法的重要性——"地球物理技术方法的创新，往往会有新的油气田的发现"，并倡导产学研用相结合、致力于解决实际问题，反对唯SCI论——"SCI救不了中国"。正是在他的影响下，2006年我将研究方向从陆相转向海相，围绕我国深层油气勘探这一重要领域，从解决寒武系油气成藏的实际问题出发，把论文写在祖国大地上，做有用的学问。2018年，作为大学校长，推动中国石油大学（华东）与中国石油天然气集团有限公司开展战略合作，共同致力于深层、深水油气资源的勘探开发，也正是为刘光鼎先生提出的中国油气"二次创业"，做一些有用之事。

刘光鼎先生身上还有一种诗人的气质和侠士的豪情，展现出"天下为公，担当道义"的情怀。他喜欢武侠，有一个著名的外号——“大侠”。他喜欢诗词，在他的诗集《渔樵之歌——刘光鼎诗词选集》中，把漂泊大海、寻找石油的事业比作渔樵，诗词的字里行间，尽显老一辈科学家的革命浪漫主义情怀。在山城重庆考察时，他发出“一钻穿古陆，涤云荡黑雾”的感慨；在贺友人朱夏地质工作五十年时，留下“看神州沉降，盆地演化，真儒事，公知否？”的词句；在病中仍不忘海图——“中国海陆九幅图，理论资源一章法。且喜少年狂傲态，曾是报国牡丹花。”67 岁时一首《自题》，刻画出先生的豪迈人生——“少年横剑四海游，快意风浪觅石油。重情仗义三杯酒，直言豪语嫉恶仇。”近古稀之年，仍心系科学事业，发出“指点江山少年事，更扶新人负重情。改革开拓破禁闭，物理不兴心不宁”的感慨，并对我国油气“二次创业”中海相残留盆地勘探寄予期待——“油气聚藏盆地里，更有残盆待探索”……

掩卷而思，向海而叹。刘光鼎先生这种“铁肩担道义，妙手著文章”的侠义之风和士子情怀，这种为中国海洋油气资源勘探踏遍汪洋、不懈求索的热血丹心，不正象征着一代代石油人家国同心、艰苦奋斗、唯真唯实、追求卓越的精神吗？这是以刘光鼎先生为代表的老一辈科学家留给我们的最大财富。

士不可以不弘毅，任重而道远。在新的时代背景下，对于我以及我所在的大学而言，必须要传承老一辈科学家的精神，办一流大学、育一流人才、出一流成果、做一流贡献，才能守望知识分子的家国情怀，无愧于老一辈科学家的殷切期望。

“斗室酣饮大杯酒，江河湖海逍遥游。踏遍青山人未老，几阵风雨壮志酬？”刘光鼎先生 50 年前的一首诗，道尽他一生的风骨与境界，也引起今人对他的无尽思念。斯人已去，风范长存。在青云之上、海天之外，我们敬仰的刘光鼎先生，此时应该依然在俯视四海、执杖天涯吧？

刘光鼎先生，我们永远怀念您！

“三横、两竖、两个三角”：中国大陆构造宏观格架

——忆刘光鼎先生注重地球物理学与地质学交叉结合

高　锐[1,2]

1 中山大学

2 中国地质科学院地质研究所

刘光鼎先生是我国著名的地球物理学家，是我国海洋地球物理科学的泰斗，他的研究领域很广，不仅仅是地球物理学，还研究海洋地质学与大地构造学，始终关注和指导我国的油气资源与矿产资源勘查，是一位注重地球物理学与地质学结合的大师，为我国油气资源的二次创业做出了重要贡献。

我有幸比较早地结识刘光鼎先生。20 世纪 80 年代初，刘光鼎先生主持编制中国海区及邻域地球物理系列图，其间我跟随我的导师申宁华教授参加了该项目研究，承担刘先生委托的中国海域居里面编制。尽管后来在申宁华教授提议下，最终出版时没有把居里面作为主要图件（申老师认为当时求解居里面的方法还不成熟）编进地球物理系列图中，但是对于我来说，有机会领略刘先生的大师风范，学习地球物理与地质结合的研究方法，是一种难得的机遇。后来，我研究生毕业分到中国地质科学院工作，有更多机会接触到刘先生，向他学习如何结合地质，运用地球物理学知识研究大地构造。

20 世纪 80 年代中期，我在地矿部深部地质办公室工作，主要

工作是跟踪国际岩石圈计划，协助赵文津先生、吴功建先生协调并开展全球地学断面（GGT）研究，其间与刘光鼎先生有较多接触。全球地学断面研究是汇聚大断面两侧 50km 范围的地球物理与地质资料，综合编制岩石圈尺度的断面结构与构造图，切开岩石圈，将地壳表层地质导向深部，追踪岩石圈地质演化，编图比例尺 1∶1 000 000。显然，这是典型的地质地球物理综合研究的体现，得到我国地质与地球物理学家的积极响应。在规划中国境内的 11 条地学断面计划时，刘光鼎先生积极支持开展一条海上地学断面研究，即“广州-巴拉望地学断面”研究，委托地矿部南海指挥部承担（刘先生当时是地矿部石油海洋地质局副局长）。

中国境内的 11 条地学断面计划在各个部门和专家学者共同努力下取得成功，国际岩石圈计划研究的同行给予高度评价。刘光鼎先生著文肯定 11 条地学断面对中国大地构造研究的推动作用，认为如果能对我国已完成的 11 条 GGT 断面进行统一的处理和解释，必将更合理地认识中国大地构造及其演化。

经过长期的积累，并出于我国寻找油气和矿产资源的需要，刘光鼎先生总结了他对中国大地构造格架的研究。他明确，在板块大地构造理论指导下，定性分析各种地球物理场资料，从地壳上地幔结构与状态，对中国大地构造宏观格架取得了“三横、两竖、两个三角”的基本认识，于 1997 年发表在《科学通报》上。同年 11 月 4～8 日，在中国地球物理学会的诞生地上海，隆重举行中国地球物理学会成立 50 周年、上海地球物理学会成立 10 周年庆祝活动，同时举行中国地球物理学会第十三届年会。刘光鼎作大会报告“从中国大地构造看中国的油气前景”，明确提出了他总结的“三横、两竖、两个三角”的中国大地构造宏观格架的认识。报告结束后，他专门问我的看法，我说总结得很精辟，直观易懂易记。刘先生听了很高兴，又专门对“两个三角”的含义进行了进一步解释。次年（1998

年)，他又在地球物理学报发表了"三横、两竖、两个三角"的中国大地构造宏观格架图，更加系统简明地概括出他对中国大地构造宏观格架的总结。

对于中国大地构造宏观格局，刘光鼎先生解释：对中国大陆多块体、多梯级带的现象可以用"东西成带，南北分块"来描述其特征，也可以用"三横、两竖、两个三角"来形象地形容中国大陆宏观的构造格架。"三横"是指天山-阴山-燕山、昆仑-秦岭-大别和南岭三条横向展布的构造带；"两竖"是指大兴安岭-太行山-武陵山梯级带和贺兰山-龙门山南北带；"两个三角"，即阿尔金山-祁连山所包围的柴达木及松潘-甘孜地区，它们以昆仑-秦岭为底线，顶角分别指向南北。"三横"分割的是华北、扬子、华南块体；"两竖"则给出了特提斯域、滨太平洋域及它们之间的过渡带。由此可见，"三横"基本上为块体边缘结合带，与"两竖"一样是构造活动最为活跃的地方，也是大型金属矿床形成的有利地区。

据刘光鼎先生介绍，以及我对中国大地构造研究的理解，"三横"所代表的东西向构造带，正像刘先生所说，地质学家已有较多论述。南岭构造带是我国重要的有色金属成矿带，近东西展布。然而，刘先生所绘中国大地构造宏观格架图中的南岭构造带却是北东向展布，实际上与地质学家描绘的扬子克拉通与华南造山带界限相吻合。刘先生也明确南岭构造带分割的是扬子与华南。

根据地球物理场的提示，刘光鼎先生提出"两竖"，即大兴安岭-太行山-武陵山梯级带和贺兰山-龙门山南北带作为中国大地构造格架，是一个独创。贺兰山-龙门山南北带是一个地震活跃带，如何认识这个构造带的性质及其对中国大地构造格局划分的影响需要深入探索。大兴安岭-太行山-武陵山梯级带是一个重力梯级带，也是地壳厚度的分界线，刘先生认为中国大陆地壳具有西部增厚而东部减薄的特点，"两竖"相当于中国大地构造的西部缝合线和东部缝合线，显然是与特提斯的启闭及青藏高原的隆升和太平洋板块的聚敛与俯冲作用是分不开的。从现代构造应力场来看，大兴安岭—太行山—武陵山一线同样是明显的分界线。从我们后来的深部探测结果看，贺兰山-龙门山南北带两侧岩石圈结构确实具有巨大的差异性。南北带东侧的四川盆地、鄂尔多斯盆地岩石圈稳定，像一个硬核一样阻挡青藏高原岩石圈变形向东扩张。

将“两个三角”作为中国大地构造格架，在当时我是不理解的，因为两者都是青藏高原的组成部分。刘先生认为，“两个三角”在印支期以后受到青藏高原的强烈挤压，地壳结构有明显的差异。柴达木盆地及其周缘山系具有特殊的盆-山构造格局，构成一个独特的地质单元。在李春昱先生编制《亚洲大地构造图》及其说明书（1981年）中有所论述，称之为柴达木地块、秦祁昆造山带。秦祁昆造山带的形成主要受特提斯构造域影响，也受到古亚洲构造域的叠加，在显生宙中国大陆壳形成过程中扮演了重要作用。越来越多的证据表明，柴达木盆地和祁连山卷入青藏高原隆起是很晚的事。松潘-甘孜地区呈一个倒三角夹持在昆仑山-龙门山-巴彦喀拉山之间，之上广泛覆盖着三叠纪的复理石建造，近来的深部探测发现松潘的岩石圈结构确实具有独特的刚性性质，其卷入青藏高原隆升的时间同样很晚。

出于我国寻找油气和矿产资源的需要，刘光鼎先生总结了他对中国大地构造格架的研究，提出了“三横、两竖、两个三角”的中国大地构造宏观格架。在此基础上，刘光鼎先生提出中国油气资源第二次创业的工作意见，提出了前新生代海相残留盆地的认识，为中国油气资源的二次创业提供了理论依据。他指出，中国油气资源勘查第二次创业，就要在三横、两竖、两个三角当间儿的沉积盆地下面来找，要搞清楚不同时期的盆地原型与造山带之间的关系。在矿产资源勘查方面，他指出“三横”基本上为块体边缘结合带，与

"两竖"一样是构造活动最为活跃的地方，也是大型金属矿床形成的有利地区。他认为，在大型块体边缘结合带的附近或与次一级断裂的交汇处，岩浆、变质与成矿作用十分强烈，有深部通道，有矿物来源，有较好的成矿条件与控矿构造，所以大型特大型金属矿床往往与之相关。

刘光鼎先生综合地球物理学与地质学资料提出的"三横、两竖、两个三角"中国大地构造宏观格架一直指导我和我的团队进行中国大陆深部探测研究，每当我们考虑深部探测工作部署，都会想到刘先生提出的宏观格架。更重要的是，刘光鼎先生注重地球物理学与地质学结合的科学思维与大师风范，一直深深地影响和指导我对深部构造的研究，需要我在今后的研究中继续深化、体会。

报国寸丹情

——忆地学泰斗刘光鼎院士

郝天珧

中国科学院地质与地球物理研究所

2018 年教师节前一天的晚上，我习惯性地坐到小区农贸市场下车，和每年的这一天一样，想去那家小小的花店买上一束康乃馨。刷卡下车，边走边看，直到随着熙熙攘攘的人流走到花店门前时，我才突然反应过来，我要送康乃馨的人，已经永远离开了我们。

2018 年 8 月 7 日，一代地学泰斗，尊敬的刘光鼎院士与世长辞。虽然是我和实验室刘先生众多的弟子们一起亲手参与布设了灵堂；虽然在雷受旻老师和许多好友的帮助下，是我亲手写出了告别仪式上那两幅饱含泪水的挽联（其中一幅“探华夏碧海查五洲大洋乘风破浪煮三杯老酒，论宏观格架倡二次创业披荆斩棘舞一套神拳”为了能够反映出先生的丰功伟绩和大侠风范曾修改过 15 次）；虽然是我和几位同事一起陪伴先生的家人最后将灵床推到告别室门前，从此天人永隔，但是我似乎仍不相信他老人家已经仙逝，总觉得先生还在，还在我们身边。

从 1990 年起，我有幸跟随刘光鼎先生学习、工作已有 28 年。他博大的胸怀、凛然的正气、渊博的学识、出众的才华和强烈的人格魅力让人永远难忘。特别是他永远以国家利益为己任、为祖国的海洋地质事业和油气地质事业呕心沥血的家国情怀，深深地印在了我们的心中。他用自己的一生，实现了为国家“愿尽毕生一寸丹”

的美好追求。这位为祖国油气与海洋地球物理事业“降龙踏浪”和盼望“凿穿东海底，乌油长龙”的“石樵”(先生自己解释因为从事地学研究踏遍群山打岩石标本,因此笔名石樵,意为砍石头的樵夫),这位听闻龙井二井喜获油气流激动地“浮大白，唱金缕”的中科院院士，生前有无数个片段，深深留在我的脑海中，很难忘记。

一名党性极强的共产党员

2017 年，先生体重急剧下降，原来天天坚持上班的他，不得不选择一周只来办公室两次，但经常嘱咐我把有关的文件、文章、资料送给他在家里阅读。记得有一天，实验室支部书记让我向先生转达补交党费的通知，我心中颇感为难。因为支部补交金额数目最大的就是老先生，一下子拿出这么多的现金，会不会不方便？我思前想后犹豫了很久后才给老先生打通了电话。为了避免想象中出现的场面，我先发了一通牢骚，什么以前工作不细致、什么分期补交更合理呀，最后才说您看什么时间能准备好我上门来取。没想到，先生马上对我说，他明天就到研究所来亲自缴纳。第二天一早，先生就到了办公室，认真地请支部书记收下补交的党费后，语重心长地对我说:“什么时候都别忘记我们是党员，党的要求要不折不扣地执行。我是 1948 年的党员，那时候是把脑袋拴在腰带上干革命的，补交一点党费算什么呢？何况还是应该交的，牢骚太盛防肠断呀！入党时咱们不都说过要和党同心同德嘛！”这一番话，让我羞愧极了，也对这位地下党出身的老科学家更加敬佩了。就在当今有少数党员干部不思进取、滑向贪腐的泥坑时，一位 1948 年就入党的老党员，用他的行动给我上了一堂生动的党课，展示出他极强的党性和高尚的品德，每一句话都发自肺腑。

一位在地学领域永无止境的探索者

2000年前后，刘光鼎先生针对中国的实际地质情况，提出开展“海相油气勘探”，并将其提高到油气领域“二次创业”的高度。他不仅在各种场合宣讲，并上书国务院，为国家战略资源储备献计献策，得到了当时国家领导人的重视与批复。同时，他也大力强调对金属矿产资源开展地质与地球物理的综合研究，“攻深找盲，寻找大矿富矿”，并亲自带领团队开展研究实践。1996年1月，受山东有关部门邀请，先生带着我和另外两位地球物理专业人员前往栖霞参与当地金矿勘探研讨会并准备针对一个具体矿区开展示范研究。那时候从河北黄骅到山东栖霞还没有高速公路，一行人进入莱阳地区时，天空中突然降下鹅毛大雪，齐鲁大地白雪皑皑，原驰蜡象。到了招远境地，一路上坡下坡，雪深路滑，车子行进变得十分缓慢，但还是与一辆摩托车发生了小小的剐蹭事故。当时已是晚上7点多钟，同行的两位老师和司机护送摩托车司机（后来得知该男子喝醉酒了）去医院检查，我陪先生留在当地等候附近金矿派人前来援助。那时候，我们还都没有手机，漫天大雪，远处金矿的灯火一闪一闪，偶尔传来几声犬吠，我心中充满了焦虑与恐惧，对一定要我们当天赶到栖霞的矿业部门心存埋怨，更担心天黑雪大，刘先生有个什么意外，自己责任重大。但就在这样的情况下，刘院士却十分镇定，站在雪地中开始和我讨论起当地的地质背景，讨论应该用什么样的地球物理方法开展探测，说到关键之处，甚至拿出纸笔，就着车灯微弱闪烁的灯光，画起了草图，直到附近金矿派了人来。到了栖霞之后，老先生亲自到现场踏勘，指挥若定，大雪之中近一小时的等待使他略感风寒，不停地咳嗽，但他还是坚持和我们一起爬山踏勘，制定后期的研究计划。这次在栖霞金矿区的综合地球物理探测研究有了很好的发现，刘先生将综合地球物理研究的成果，认真加以总结，不断推广宣传。后来团队在招远、栖霞、蓬莱甚至在三山岛的金属矿勘探中，都采用了这套方法技术，先生也多次谈到栖霞的范例，却从未告诉别人在那个漫天大雪的夜晚，为了国家的矿产资源，他曾驱车千里，伫立雪中，冒着风寒爬山踏勘并亲自制定探测方案的事情。作为一位地学专家，他身先士卒，根据国家需求，不断探索，亲自实践，进入忘我的境界已成家常便饭。每当我回忆起这段经历，眼前都会浮现出老院士在大雪之中侃侃而谈、亲自动手设计工作部署图的画面，他不就是《渔樵之歌——刘光鼎诗词选集》中所描述的那一朵盛开的“报国牡丹”吗？

一位胸怀宽阔、全力指导后辈的地学泰斗

作为著名的海洋地球物理学家，刘先生对祖国蓝色国土有着深深的感情。我开始做黄海深部结构的地球物理研究工作，就源自先生的嘱托。当年先生带领老一辈的海洋地质工作者，高声喊出“查明中国海，进军三大洋，登上南极洲”的响亮口号，为我国的海洋地球物理事业做出了卓越贡献，但他老人家一直有一个埋在心底的情结，那就是黄海的深部结构与油气突破。2005 年，我和研究组胥颐、江为为等人根据地球物理研究结果提出了黄海东缘隐伏断裂带，并对中朝与扬子块体边界结合带在南黄海的位置给出了新的认识。由于这个结果和刘先生主持编绘的《中国海区及邻域地质-地球物理系列图》中的构造单元划分方案并不一致，作为先生的弟子，我们的心中都有一些忐忑不安。但当我把研究结果拿给先生并请教时，没想到老人家认真检查了每一个步骤和图件后对我说：“你们现在利用的资料和数据比我们那个时候多了很多，方法技术也有了新的发展，打破或发展前人的认识才是真正科学人的追求。不能因为我是你们的老师、是院士、是前辈就束缚了你们的思想，地质认识只有

在不断地发展完善中才能接近真实解。今天我们的技术发展了，资料更丰富了，但是别忘记，我们今天看到的黄海，还是以我国调查数据为主做的工作，对黄海的认识还是‘半个苹果’的状态，我们应该和韩国、朝鲜开展国际合作，从区域、全球的视角去认识这个地区的深部结构与构造演化。”这番话，让我深深为老院士的胸怀所折服，也暗暗下定决心，一定按他老人家的要求去做，真正做一条横穿黄海的国际合作地球物理深部探测剖面。在先生的亲自推动下，从 1995 年起，我们和韩国的双边合作研究一直坚持到了今天。无论是环黄海的双边流动天然地震观测，还是朝鲜半岛及格列菲列等岛屿的地质考察以及前后四次的双边学术研讨会，目标就是一个，搞清黄海的深部结构与隐伏断裂带的位置。2016 年，在国家自然科学基金和中国地质调查局“海洋保障工程”项目的支持下，经过 3 年紧锣密鼓的准备，中国科学院地质与地球物理研究所和青岛海洋地质研究所联合了韩国 KOIST、韩国釜山大学、韩国公州大学共同完成了第一条横穿黄海两国海上边界的海底地震仪探测剖面，剖面全长 565 千米，从我国江苏海域向东一直延伸进入朝鲜半岛的韩国境内，获得了深达莫霍面和上地幔的广角地震数据。当我把初步解释结果拿给刘先生时，老人家高兴地拿起放大镜看了又看，对我说了一句：“赶紧告诉老冯，让他一起高兴高兴！你们实现了我们这代人没有实现的愿望，谢谢大家！”（老冯是指广州海洋地质调查局的冯志强老师，他同样对黄海油气有着很深的情结，退休后仍然关心着黄海地质结构研究的每一个进展。）

一位一身正气、情系国家的战略专家

先生为国为民的大侠风范一直都让认识他的人们十分仰慕。有件事情我终生难忘。刘院士曾任国家“863”计划海洋领域专家组委员，他以一个战略家的敏锐洞察力，注意到我国地球物理仪器装备和技术与发达国家之间的巨大差距，也关注到国外对我国的技术封锁。在他 75 岁之后的时光里，他几乎一直在呼吁发展我国自己的地球物理装备研发能力。我所自主研发的国产海底地震仪（OBS）的每一个进步都离不开他老人家的关心和推动。当然，自主研发的道路并不平坦。2009 年，我所自主研发的 OBS 在南海西南次海盆的探测中遇到了很大挫折，回收率很低。一时间，关心的、支持的、讽刺的、说风凉话的，各种反应随之而来，其中也不乏有人当面质疑："让你们购买国外的元器件非要自己干，国外也是多少年才干出来的，要是那么简单早就国产化了，还轮得到你们这些人去干?你们这是浪费国家经费。"面对这些风言风语，那一阵团队成员的心情都很复杂。既为寻找失败原因而焦急，也为外界的议论而不平，我自己也是又着急又委屈，心中隐隐有些压力。这个时候几位院士给了团队坚定不移的支持。首先是朱日祥院士，他对主要研发者游庆瑜研究员说："什么也别怕，你们只管找原因、继续干，丢了的算我的，成功了的才是你们团队的。"另一位是刘先生。听到消息后，老先生来到我办公室，语重心长地对我说："你帮我转告小游和各位，国产仪器研发要是很容易就成功的话就不是高技术了，发达国家也就不会技术封锁了。不要被风言风语所吓倒，我们是为了国家利益，有困难是正常的，遇到挫折就停滞不前或者一口否定的做法只能让国家受制于人，永远也不可能走在科技前沿。今后谁再质疑自主研发，就让他来找我辩论。你们的任务就是找到原因和改进完善，那些风凉话由我负责顶回去！"刘先生说到做到，后来有次会上，当有人质疑是否还有必要对国产 OBS 研发继续给予支持时，老人家激动地拍起了桌子，为国产装备自主研发大声疾呼，慷慨激昂、义正词严。

2010 年春节期间，国家海洋局第二海洋研究所李家彪研究员（后来成为了中国工程院院士）作为西南印度洋航次的首席科学家，以极大的魄力给了我们大力的支持，在对龙旂热液喷口开展三维地震探测时使用了国产 OBS 并 100%回收成功，自主研发的 OBS 终于迎来了成功的捷报。消息传来，挂着满脸泪痕的我迫不及待地跑去向刘院士汇报，当说到自主研发的 OBS 100%回收成功时，我突然发现，紧紧握着我的手、连声说着“太好了！”的老先生的眼中竟然也有泪花在闪现。近十年的时间过去了，当今天国产 OBS 在马里亚纳海沟挑战者深渊创下了世界最深的投放记录并获得两条主动源地震剖面时，当国内很多涉海单位都用上了中科院地质与地球物理研究所研发的国产 OBS 时，我仍忘记不了老先生在坚持海洋地球物理装备自主研发时坚定的神情和得知成功消息时那喜悦的泪花。他是一位情系国家利益的战略家，是年轻研发团队最坚强的后盾和支持者，也是地球物理装备国产化的坚定倡导者和身体力行的先行官。国产 OBS 的发展，与刘先生、朱日祥和李家彪院士等专家学者的鼎力相助、与国家“863”计划等重大项目的持续支持、研发团队的努力拼搏以及国内多家涉海单位的全力协助密切相关。没有了他们，也就没有了国产 OBS 的今天。

转眼之间，刘光鼎先生离开我们近一年了，但他的音容笑貌，犹在眼前。他老人家“引吭大风歌”“奉献寸丹情”的家国情怀，一直影响着我们这些跟随他学习、工作过的人们。这位为中国地学事业呕心沥血、对弟子晚辈关怀备至、提起毛笔神龙飞舞、打起太极出神入化、浮起大白豪气冲天、酷爱武侠小说、尤喜写诗填词、嬉笑怒骂皆文章并具有鲜明人格魅力的大侠院士，仍然会用他的精神和学术思想指导着我们无数后辈去乘风破浪，在海洋地质科学研究与油气资源探查中尽一份力，做一份贡献。就像他老人家一样，为祖国和地球科学事业，“愿尽毕生一寸丹！”

追忆恩师刘光鼎先生

杨长春

中国科学院地质与地球物理研究所

2018 年 8 月 5 日，向先生的司机宝林询问先生情况如何，宝林说先生情况比较正常，然次日 8 月 6 日宝林告诉我，先生情况不太好，遂和宝林约好 8 月 7 日到医院看望先生，8 月 7 日上午到医院时，万没想到先生已处于昏迷状态，在医院待到晚饭时，遂到外边去吃饭，吃饭过程中接柳琴电话，告知先生已驾鹤西去。突感自己头脑和心中一片空白，自己跟随近三十年的恩师已逝去，先生已不会再在我们的身边。

回顾自己的成长过程，深感是在先生的教导、栽培、鼓励和帮助下，我才能一步一步地走向科研的道路，我才能在科研工作中一点一点成熟，我才能取得了一些科研成果。回忆自己在先生身边学习与工作的片段，深切表达对先生的追忆与思念，深切表达对先生的感激与感恩。

1990 年在我正准备博士论文时，适逢刘东生院士到法国访问我所在的波尔多大学，在交谈中，刘东生先生得知我学的是石油勘探地球物理，便问我是否想到中国科学院地球物理研究所工作，那时我对地球物理研究所了解甚少，片面地认为研究所的科研主体是固体地球物理，没有石油勘探地球物理方向。刘东生先生说地球物理所发生了变化，刘光鼎先生现在是所长，正在组织申请油气地球物理方面的国家自然基金重大项目。在我出国之前，我就听说过先生是我大学老师的老师，我想能跟先生当学生，并且能够参加国家自然基金重大项目，无疑是我回国开展科研的最好选择。经刘东生先生推荐，先生写信表示欢迎我回国后到地球物理所做博士后。

1991 年 5 月，我从法国波尔多大学获博士学位后，到中国科学院地球物理研究所做博士后，合作导师是先生、李幼铭研究员，博士后研究工作主要是参加先生主持的“八五”国家自然基金重大项目“陆相薄互层油储地球物理学理论和方法研究”，项目研究内容涉及地球物理的信号处理和偏移成像两大部分。在确定我博士后研究工作时，我考虑到自己博士论文做的是信号处理方面，对地震数据信号处理已有比较好的理解，而对偏移成像基本不了解，甚至可以说根本不了解，为拓展自己的知识面，我便试探性地向先生提出想在博士后期间开展地震数据偏移成像的研究工作，出乎我的意料，先生欣然同意，并对我拓展自己知识面的想法加以鼓励。

由于自己偏移成像的基础太差，我从 1991 年 5 月到 1992 年 7 月，查阅了大量地震数据偏移方面的资料，恶补了波动方程正演、反演理论和方法等方面的大量数学知识，虽然自己知识面得到了拓宽，但常规的博士后工作期已经过去大半，却毫无产出，没有任何科研成果发表，甚至无任何科研报告，完全可以说博士后的研究工作尚未开始。这种情况下，我自己开始有些着急，多少也有点焦虑，先生却鼓励我不用急，只要认准科研方向，扎实积累，科研成果总会做出来的。

1992 年 7 月，受中国石油天然气总公司勘探局陆邦干总工邀请，我和刘洪、曹孟启陪同陆总到胜利油田调研学习，了解油田一线的勘探技术与实践进展，在与胜利油田领导的座谈中，刘兴才副局长提出邀请先生到胜利油田，商谈两家科研合作，希望共同攻克桩西古潜山复杂构造成像技术难题。回京后，向先生汇报了刘兴才局长的想法，先生明确表示科研应该和生产实践相结合，应该选择实际生产中的技术难题开展攻关，科研人员应该到油田现场工作，强调与实际生产结合会加快科研。随后，先生带领李幼铭老师、刘洪和我到胜利油田，在先生、刘兴才局长、李幼铭老师指导下，组成了中科院地球物理所和胜利油田联合攻关团队，确定了桩西古潜山成像的“地质模型+剥皮法”的技术方案，以期在地质模型的约束下，消除古潜山上覆地层对地震波场传播效应畸变，实现对古潜山构造的高精度成像。研究团队经过两年多的强力、协同攻关，取得重要进展，基于“地质模型+剥皮法”技术方案，发展建立了地震叠前深度偏移方法技术，将传统的地震叠后时间偏移成像范畴突破为叠前深度偏移成像技术体系，实现了桩西古潜山复杂构造的高精度成像与精细刻画，利用地震剖面揭示出渤海湾地区具有中、新界以正断层为主，中、古界以逆掩断层为主的叠合构造特征，这一进展受到先生高度认可，他认为不仅复杂构造成像技术已取得重大突破，而且还打破了渤海湾地区无逆断层的传统认识，更加符合我国地质宏观构造的演化规律，对开展胜利油田深层古潜山油气勘探具有重要指导意义。

为能使我国在该领域进入世界前列，先生积极推动在国家层面对地震叠前深度偏移成像进行立项研究。在时任国家自然科学基金委副主任孙枢院士的支持下，复杂构造地震叠前深度偏移成像研究，作为优先支持的国家自然科学基金“九五”重点项目提前到 1995 年度立项，由国家自然基金委和胜利油田共同资助，我被指定为项目负责人，此时，我的身份只是博士后，还不是研究所的固定人员。

在先生的指导下，重点项目“复杂地质体精细速度分析与三维叠前深度偏移理论与方法”研究顺利开展，方法技术得到改进、发展和完善。为进一步加快研究进程，胜利油田刘兴才副局长提出要将研究成果应用于勘探实践，以期验证方法技术的有效性。研究成果在 1996 年 6 月，应用于胜利油田的胜海探区，有效地支撑了胜海古 2 井的钻探部署，胜海古 2 井获高产油气流，日产原油超过千吨。

先生基于对我国宏观构造格架和演化的深刻理解，提出了前新生代海相残留盆地的石油理论，倡导和主导了国家“973”项目“中国海相碳酸盐岩油气富集机理与分布预测”、中科院重大项目“环渤海(湾)地区前新生代海相油气资源研究”等，引领和带动了我国新生代海相油气资源的理论研究。基于我国前新生代海相油气的勘探实践进展，先生明确指出了我国油气工业的发展方向，于 2001 年 8 月 17 日向国家提出“关于中国油气资源二次创业”建议，8 月 27 日时任国务院副总理温家宝做出批示：“要重视油气资源战略勘查工作，争取在前新生代海相碳酸盐岩地层中有新的突破。”在前新生代海相油气勘探取得系列重大突破的基础上，先生在 2005 年 5 月中国石化南方海相勘探研讨会上，进一步提出了面向中国油气未来发展的“海相、海域、海外” 三海战略。

先生高度重视石油地质理论的同时，也从战略层面重视地球物理探测装备与技术。针对我国探测装备技术几乎全面依赖进口的被动局面，先生长期坚持不懈推动装备技术的自主研发，正是在先生和中石化牟书令老总的主导下，2006 年中科院地质与地球物理所和中石化相关单位联合开展了地震采集装备的自主攻关研究，同时在先生的鼎力支持下，MEMS 数字检波器研制作为国家油气重大项目的课题开展了持续攻关研发。目前，与中石化地球物理公司共同研制的无缆节点地震采集装备已开始产业化，MEMS 数字检波器的工程化也正在顺利实施。为实施油气资源“海相、海域、海外”的三海战略，先生多年倡导的单点高密度地震采集技术也正在成为现实。可以说，没有先生的长期倡导与鼎力支持，地震采集装备与技术取得的这些研究进展肯定是难以想象的，相信在几年内我国油气探测装备技术会取得更大的突破，望先生可感到欣慰。

在先生身边的近三十年中，我感触最深刻的是先生始终站在国家经济发展这一根本利益的高度上思考和把控科学技术的发展，为推动国家的科技进步，先生始终在思考科研应该干什么，始终在思考科研应该怎么干，始终在积极探索面向国家重大需求的有效科研机制与模式。我将铭记先生站在国家利益角度思考科研的教诲和指导，永远铭记先生对我的帮助、指导和支持，永远追忆先生给予我的特殊关爱与无私栽培，终身感恩先生！

难忘的记忆
——刘光鼎先生周年有感

江为为

中国科学院地质与地球物理研究所

2018 年 8 月 7 日立秋，北京的天气依然炎热，我和同事陪韩国来访的几位教授，去中国科学院大学雁栖湖校区参观访问，突然接到电话，被告知刘先生病危，我们匆匆结束参观，赶到了医院。这时先生已经处于昏迷状态，无法交谈了，看来情况很不好，让我们心中一沉。几天前看望先生时，老人家虽然身体虚弱但神志很清醒，还能一起聊天，没有想到那竟是最后一次和先生交谈。

时间飞逝，与先生相识相交已有 30 年，往事历历在目，难以忘怀！从先生 1989 年刚到中科院地球物理所任所长时提出“四大课题”和“四大中心”的振兴地球物理所的办所方针，到为解决年轻职工的住房问题，进行的个人集资建职工住房的措施等等，一幕幕情景都在眼前展现，一切都好像就发生在昨天。当年先生提出的这些方针、措施极大地改变了中科院地球物理所的科研环境与氛围，也极大地调动了青年科研人员安心科研的积极性。我也受惠于当时的政策和先生的鼎力相助，从一个一般的科研新兵开始进入油气综合研究的领域，跟随先生学习做学问、学习做人。

那是 1994 年，先生根据他对中国大地构造宏观格架的理解，提出对中国西部油气盆地的深部构造背景进行深入的综合性研究，而且他亲自推荐我做这个课题的负责人。为了增强我的信心，先生亲自指导我，从宏观格架到具体盆地，从地质地球物理资料的收集与处理到总体解释与模式提升，手把手地指导，连汇报的幻灯片（那时还没有 OFFICE 系统，汇报时都是透明薄片）有时都亲自帮助我修改。鼓励我面对挑战，走出地质与地球物理综合研究的新路。那个课题的研究经历，为我后来承担“中国海陆及邻域岩石层结构及其动力学特征”的研究课题奠定了很好的基础，因此虽然在刘先生研究生的名单上找不到我的名字，但是我心中一直把先生敬为自己的导师，是教会我如何抓住热点科学问题，并且从具体问题抽丝剥茧，形成科研思路的恩师。

先生知识渊博、德高望重。在先生的精心组织下，“973”计划项目“中国边缘海的形成演化及重要资源的关键问题”于 2001 年正式启动，后来在 2007 年再次聚焦南海，开展“南海大陆边缘动力学及油气资源潜力”的深入研究工作。由刘光鼎、金翔龙、秦蕴珊、欧阳自远等院士和其他学者作为专家顾问，由李家彪研究员（后来成为中国工程院院士）为首席，两期“973”计划项目均取得了丰硕的成果，这与先生和各位院士、专家的高屋建瓴、宏观指导思想有着密切的关系。

先生在项目申请动员会议上多次告诫大家一定要突出两点，即“国家权益与需求”，海洋不仅是国土也是重要的资源，是我国油气的主要产地，对于海洋资源的探索也是先生为之奋斗一生的夙愿。在先生的推荐下，两期“973”计划项目我都是办公室负责人，有幸聆听先生的教诲，这对我在科研活动中的成长颇为有益，从中学习到了许多最新海洋地质地球物理知识以及做人的道理，也使我在项目办公室的日常工作中逐渐成长、成熟。由于先生和项目专家组的诸位专家以及李家彪首席的敬业精神和开朗的性格，迅速在两期“973”计划项目周围形成了一只来自全国的年轻、有活力、敢于探索的科研团队，当时很多刚刚参加科研的年轻人，都愿意来参加我们项目的学术活动，倾听这些海洋战略专家的报告，很有收获。很多当年的年轻人，今天已经成为海洋领域的学术带头人，其中首席李家彪和课题负责人杨树锋教授后来成为了两院院士，甚至很多当时学术会上被刘先生亲切称为小伙子小丫头的年轻人，今天都成为了海洋界的青年才俊，两期“973”计划项目结束多年后，这支团队的研究人员碰到一起仍然感到非常亲切，非常依依不舍，由此也可以反映出先生这一代老科学家和李家彪首席领导的这支队伍在当时的向心力和科研干劲。

先生除了学问深厚，业余爱好也十分广泛，篮球是我和先生的共同爱好，我们都是因为年轻时篮球打得过多而引起了膝关节的损伤，但这并不妨碍先生刚到所里那会儿和我们几个毛头小伙切磋一番，岁数大了篮球不打了，但闲暇之余喜欢看篮球的电视转播，对NBA、CBA比赛的看法也经常是我和先生的话题之一，先生从来不会以长者自居，经常为了某些球星的表现而和我争执，各抒己见，现在回想起来也是一大乐趣。说起业余爱好，“拱猪”也是先生的一大爱好，20 世纪 90 年代是先生最喜欢“拱猪”活动的时期。无论工作多忙多累，只要中午在所里吃饭，先生总会叫上我们几个，来上几圈。回想当先生赢了后高兴地给对手“画猪”的情景，颇有老小孩的神态。记得有次我出国回来给同事们带了一些小礼物，给先生送的咖啡，其他人则是巧克力，送咖啡时我对先生说:“给您的是咖啡，因为您有糖尿病，巧克力就不给您了。”当时先生对我说:“也给我点巧克力，我有时想吃点甜的。”这时我们会心一笑……谁能想象，这个在科研舞台上叱咤风云、有着极高名望的地学泰斗级人物，私下里和我们情同父子，没有一点架子。

一直在先生的领导下参与各种项目，一起开会出差也比较多，当然遇到这位海量的“酒仙”，少不了经常一起喝酒。先生喝酒是种境界，从不追求价格名气，要的是那种豪情。乘坐高铁时忘了带酒，在火车站超市买上两瓶“小二”，来盒快餐，举瓶小酌，谈笑风生，相互之间开着玩笑，旅途的劳累和无聊一扫而过。回想起来，我把先生当作父辈，也是可以推心置腹的朋友。项目申请成功，和先生一起举杯庆贺，开怀大笑；遇到挫折委屈，有先生安抚劝慰；看到一些负面时弊，听先生拍案痛斥，和先生在一起的日子，就这么悄悄过去了……

如今，先生驾鹤西行，回想往事……

刘光鼎先生与国家安全地球物理

刘代志

火箭军工程大学

刘光鼎先生1929年12月29日生，山东蓬莱人。1952年毕业于北京大学物理系。1980年当选为中国科学院学部委员（院士）。1993年当选为第三世界科学院院士。曾任中国科学院地球物理研究所所长，是《地球物理学报》《地球物理学进展》主编，中国地球物理学会、中国海洋学会名誉理事长。

刘光鼎先生2018年8月7日18时49分驾鹤西去，13日上午在北京八宝山举行遗体告别仪式，未能亲自前去吊唁，因撰此文，遥祭先生。

刘光鼎先生在地球科学领域贡献卓著，被称为大师“大侠”，被誉为“中国海洋地质之父”，为我国地球科学事业发展培养了一大批杰出人才、作出了重大贡献。其实，刘光鼎先生对我国科学事业的贡献是多方面的，除了大家比较熟悉的“油气二次创业”“油储地球物理”等，在国家安全地球物理学领域也是开拓者、领路人。

1994年初夏，我去看望刘光鼎先生，谈到地球物理学在军事领域的应用问题，他当时就指出，军事地球物理很重要。还告诉我，20世纪50年代傅承义先生从美国回来，送给他一本书 *Geophysics in War*，可惜年代久远，找不到这本书了（他说，好像是送给一位海军的同志）。后来，我在撰写“军事地球物理学”学科史时，从网上居然查到了这本书：那是1942年1月，美国地球物理学家 Heiland C.A.

在 *Colorado School of Mines Quarterly* 第 37 卷第 1 期出版的单行本 *Geophysics in War*（《战争中的地球物理学》），随后又发表在 *American Journal of Physics* 第 10 卷第 3 期（Volume 10,Issue 3,pp.127-134,1942）上。

2003 年，我把我发表在《第二炮兵工程学院学报》（内部刊物）上的一篇论文《军事地球物理学刍议》改写成《试论军事地球物理学》，想以与先生合作的名义在《地球物理学进展》上公开发表，实际上是想借先生的名气、打先生的大旗，以便具有号召力，在我国建立起军事地球物理学学科，进而在中国地球物理学会下设立军事地球物理专业委员会。郝天珧老师告诉我，先生收到文稿后仔细审改了一遍，立马签发，发表在 2003 年最后一期《地球物理学进展》（第 4 期）上。此文成了在我国建立军事地球物理学科的先声。

2004 年，刘光鼎先生主持召开中国地球物理学会常务理事会，通过并授权我筹备中国地球物理学会军事地球物理专业委员会，陕西省地球物理学会也让我同时筹备陕西省地球物理学会军事地球物理专业委员会。2004 年 10 月，中国地球物理学会学术年会在西安举行，刘光鼎先生应邀到我校访问并作学术报告，报告的题目就是“军事地球物理学”。在这次年会期间召开的理事会上，学会建议我筹组的军事地球物理专业委员会改为国家安全地球物理专业委员会，而陕西省地球物理学会下仍设军事地球物理专业委员会。其实，国家安全地球物理比军事地球物理涉及的领域更广，且完全涵盖了军事地球物理领域。2005 年 11 月 15 日在我校正式成立了中国地球物理学会国家安全地球物理专业委员会和陕西省地球物理学会军事地球物理专业委员会，刘光鼎先生和其他六位院士出席了成立大会暨学术研讨会，并揭牌剪彩，且题写了牌匾。在会议期间，刘光鼎先生还给学校全体师生作了“学习科学发展观”的学术报告，他当时就敏锐地指出科学发展观对我国政治、经济、文化和科学技术发展的指导意义。几年后，大家都知道，科学发展观被中央作为当时全国各项工作的指导思想之一。

刘光鼎先生近十多年来多次参加我们的学术研讨会，并一直关心和指导我们专委会的工作，且担任专委会公开出版的“国家安全地球物理”丛书（现已出版了 14 辑）的学术顾问。2010 年在专委会成立五周年之际，先生因事不能来参加，还亲自打电话让欧阳自远院士到会作报告，欧阳院士的“嫦娥探月”报告让我们学校的师生兴奋不已、眼界大开。刘光鼎先生在不同场合不遗余力地宣传、鼓励大家开展国家安全（军事）地球物理学研究，还在中国地质大学（北京）设立军事地球物理学研究生方向，指导和开展军民融合与国家安全地球物理学研究。

刘光鼎先生的仙逝，不仅使中国地球科学界失去了一位学术泰斗，也使我们国家安全地球物理学领域失去了一位导师。在习近平新时代中国特色社会主义思想指引下，在把军民融合作为国家战略、构建人类命运共同体的大背景下，我们只有铭记先生的教诲，把我国的国家安全地球物理事业发展好，在科技创新、科技强军的征程中不断取得新进步，才能告慰先生！

呜呼！言不尽意，草草不恭。刘光鼎先生千古！

斯人已逝，思想永存
——怀念恩师刘光鼎先生

张训华

中国地质调查局南京地质调查中心

2018 年 8 月 7 日，天色阴沉，细雨霏霏，恩师刘光鼎院士因病去世的噩耗传来，遂感悲痛万分。先生仙逝已近一年，回想与先生的相识，回味与先生的相交，回思与先生的所学，无不历历在心。一年来，梳理着先生地学思想的发展，感到自己对先生学术思想的认识还不够深入，仍需不断思索。希望继承先生的遗愿，传承先生的学术思想，发扬先生的科研精神，让先生的思想继续为国家资源勘探和地学科研事业发展发挥作用，并发扬光大，为新时代的地学科研工作者所不断传承。

1983 年，我从山东海洋学院毕业分配到地质矿产部海洋地质研究所物探室，由于我的师傅雷受旻研究员与时任地矿部石油地质海洋地质局副局长刘光鼎先生相识，雷老师介绍我拜入先生的门下，我与先生由此开始了影响我一生的师生关系。在与恩师交往的 35 年中，既有从师于他的学习，又有他负责项目下的合作，还有志同道合的忘年之交。先生是一位忠贞的爱国者，一位具有战略视野的科学家，一位学识渊博的导师，一位有担当有作为的知识分子楷模。他有博大的胸怀、乐观的心态和幸福的家庭。自参加工作以来，他胸怀报国之志，为祖国的海洋勘探事业呕心沥血，逐渐形成了独特的学术思想。

块体构造学说的形成

恩师早年就读于北京大学物理系，后来留学苏联，回国后在北京地质学院从事海洋地震勘探的教学工作。他的地学思想经历了从物理学到地震学，从地震学到地球物理学，从地球物理学到地质地球物理学，从地质地球物理学到综合地质地球物理的不断发展和完善过程。在这一转变过程中，他不断学习、吸收朱夏先生的学术思想。朱夏先生的大地构造演化思想很好地解释了中国大陆边缘的构造演化过程，包括中国大陆边缘与华北、扬子和华南等块体地亲缘性，及其与大洋构造演化之间的关系。1990 年，在刘先生编制《中国海区及邻域地质-地球物理系列图》时，他首次应用“块体”一词作为一级稳定构造单元，并提出了结合带的概念，这就是块体构造学说的雏形。

先生的学术思想集中反映在“块体构造”学说，这一学说是在全面总结刘光鼎院士、朱夏院士的学术思想和以活动论为内涵的全球构造理论基础上，基于近 30 年中国大陆边缘调查研究成果，结合海陆地质构造特点，由先生带领的学术团队在尝试解释我国海陆大地构造演化过程中，于 2008 年首次提出。“块体构造”学说提出后即成为“中国海陆地质地球物理系列图编制”的指导思想，在指导编图的过程，这一学术思想得到不断发展和完善。团队成员陆续发表文章，补充、丰富和发展这一学说。

刘先生在主编《中国海区及邻域地质-地球物理系列图》时，就采用以活动论为内涵的全球构造论作为编图的指导思想。近年来，海洋地学图件编制团队在总结多年对大陆边缘调查资料和研究成果的过程中，以海洋地球物理为抓手，始终贯彻综合地球物理研究与地质、地球化学研究相结合的技术方法，逐步形成了具有完整思想基础、理论基础、方法论、认识论和构造论的理论系统。在大地构造上提出了具有完整大地构造体系的“块体构造”学说，并以此为指导思想，编制完成《1∶500 万中国海陆及邻域地质地球物理系列图》。该系列图于 2012 年编制完成并交付印刷出版，标志着这一大地构造学说的成型。

“块体构造”学说的主要内容

“块体构造”学说主要由思想基础、理论基础、方法论、认识论、构造论及其对中国海陆大地构造的认识等内容组成。

（1）思想基础。“块体构造”学说是一种大地构造学思想，是地质科学的核心部分，属于自然科学的范畴。它认为构造地质理论是指导地质工作者认识自然地质规律的科学，自然界各种构造现象的存在和构造运动的发生不以人的意志而发展，理论与学说只是对业已存在的构造地质规律的正确认识和对未来构造地质发展的正确预测，而其正确性是相对的、有条件的。

（2）理论基础。“块体构造”学说的理论核心是以活动论为内涵的全球构造理论，它认为自然界中的一切地质构造现象和构造运动都是在不断发生变化的，运动与变化是绝对的、无条件的，而静止与稳定则是相对的、有条件的。在这一点上与板块构造理论是一致的，但它认为在地球演化过程中所遵循的规律本身也是在不断发生变化的，任何理论或学说都是有条件有历史阶段性的。

（3）方法论。“块体构造”学说强调地质、地球物理和地球化学方法的综合运用以及资料的综合研究，即：一种理论——以全球构造活动论为理论指导；二个环节——以物性和模型为纽带，即物性是地质与地球物理、模型是定性与定量之间联系的纽带；三种结合——地质与地球物理及地球化学相结合、正演与反演相结合和定性与定量相结合的三原则；多次反馈——上述过程多次反复，不断地逼近正确的认识。

(4) 认识论。“区域约束局部，深层制约浅层”。区域约束局部是指从区域整体出发，认识区域地质现象并找到规律，获得对局部具有指导意义的规律性的认识，并由此来指导油气及矿产资源勘探；而深层制约浅层则指复杂的浅层地质条件是有其深部构造背景的，复杂的深部构造背景必然引起中、上地壳结构上的强烈不均匀性，导致产生复杂的地质条件，关注深层对浅层的制约作用，更清晰地了解盆地的概貌、成因及其演化，为油气及矿产资源勘探提供指导原则和思路。

(5) 中国海陆构造演化过程。对中国海陆大地构造的演化过程归纳为：一个分界、两条锋线、三次变格、四条转换断层、五幕演化史。

一个分界：即以印支期为界。印支期以前为古全球构造阶段，表现为华北、扬子、南华、塔里木等多个块体的生长发育及其之间的相互作用，属块体体制；印支期末诸多块体拼合成中国大陆，形成今时的板块，新全球构造阶段属板块体制。

两条锋线：中生代期间，羌塘、冈底斯、印度等块体先后从南大陆北上，使特提斯作“手风琴式”的启闭，形成特提斯域的锋线；随后，新生代期间太平洋板块改变扩张方向，使菲律宾海板块向欧亚大陆聚敛，甚至俯冲，出现沟-弧-盆系，板内拉张、地壳减薄，形成太平洋域的锋线。

三次变格：自南大陆北上的羌塘与塔里木碰撞，缝合线为澜沧江-金沙江，时代为 T_3-J_1。之后，冈底斯又自南大陆北上与羌塘碰撞，缝合线为怒江-班公湖，时代为 J_3-K_1。随后，印度又经南大陆北上与冈底斯碰撞，缝合线为雅鲁藏布江，时代为 K_2-E_3^2。这三次变格波及面广，使中国大陆受到严重的挤压、改造。

四条转换断层：中生代侏罗纪时期，太平洋板块在四条南北向转换断层之间发育成长，进入新生代始新世时，转换断层扩张方向转变为NW-SE，由马里亚纳海沟-岛弧-弧后盆地系圈出菲律宾海板块，在欧亚板块与菲律宾海板块之间，板缘聚敛，板内拉张，地壳减薄，形成滨太平洋域并有一系列断陷盆地在中国大陆东部出现。

五幕演化史是指地壳在其发展过程中经历了陆核形成、古全球构造、中间过渡和新全球构造等阶段。在前两个阶段中，不同块体形成的时代不同，进而是有“同序时差”的表现。

(6) 中国海陆大地构造格架。归纳为“三横、两竖、两个三角”。“三横”是指天山-阴山-燕山、昆仑-秦岭-大别和南岭三条横向展布的构造带；“两竖”是指大兴安岭-太行山-武陵山梯级带和贺兰山-龙门山南北带；“两个三角”即阿尔金山-祁连山所包围的柴达木及松潘-甘孜地区，它们以昆仑-秦岭为底线，顶角分别指向南北。在“三横、两竖、两个三角”的结合带附近，是各种金属矿床赋存地；在“三横、两竖、两个三角”的结合带之间，是油气勘探的主要研究目标。

(7) 中国海陆宏观构造演化。归纳为“跷跷板”过程，古生代末—侏罗纪，中国西部属特提斯洋，地势低，而东部却地势高，有些地层受剥蚀而缺失；新生代期间，地壳遭受构造运动强烈挤压、抬升，特提斯域演化形成青藏高原，地壳厚度增大，地势增高；随后，滨太平洋域受到S-N向拉张，地壳减薄，地势降低。

(8) 块体构造系统的大地构造单元。大地构造单元类型分为两级：一级为板块和板块边界，二级为块体和结合带。板块边界有三种：汇聚边界、离散边界和走滑边界。在中国海陆及邻区范围内，主要发育汇聚边界，可以根据俯冲或碰撞缝合的主要时间分为早中生代、晚中生代和新生代3种类型。印支期以前的古全球构造阶段，陆壳和洋壳的相互作用不用板块体制来解释，我们将此阶段的陆块称之为“块体”，块体之间被压榨的洋壳以及变质变形的大陆边缘称为“结合带”。根据演化历史的不同，将块体分为华北型、扬子型、华南型、冈瓦纳型和西伯利亚型 5 种类型；所以将古全球构造阶段形成的结合带按照主要形成时间分为早古生代、晚古生代和早中生代 3 种类型。

块体构造学说的重要意义及其在科研实践中的应用

“块体构造”学说与“板块构造”理论既存在密切的联系，又有本质的区别。前者是后者的发展和延伸，两种学说都以全球构造活动论为基础，但二者的形成背景和条件不同，在定义、内涵和大地构造演化过程的认识上也截然不同，所适用的范围与尺度更是不同。“块体构造”学说比较好的解释了中国海陆自太古代以来的构造演化，能够对中国陆地诸多大地构造特征给出合理的解释。所以，“块体构造”学说更具有一般性和适用性，是在更加普遍意义上对中国大地构造演化规律性的总结。

“块体构造”学说作为中国海陆地学系列图编制的指导思想，比较好的将浅部与深部、局部与区域、地质与地球物理等结合起来，把中国海陆分为若干个块体和结合带，成功解释了中国海陆地质地球物理场，编制的大地构造格架图和构造演化图，阐述了中国海陆古生代以来的形成演化过程，中国海陆及邻域主要大地构造单元划分。

“块体构造”学说在指导地球科学基础研究和矿产资源勘探方面取得重要进展，以该学说为指导，选择并实施了大陆架科学钻探 CSDP-01 井和 CSDP-02 井。通过 CSDP01 井的实施，首次获得了我国陆架区准确的第四纪底界，建立了第四纪地层层序，重新厘定了第四纪以来南黄海陆架区的海侵与海退历史，对于解决困扰地学工作者的世纪难题——长江与黄河入海时间等发挥关键作用。上述成果对于中国陆架区第四纪以来的海岸线变迁、古环境演化和海陆相互作用，以及海平面变化及其在中国陆架区的响应都具有重要意义；通过 CSDP-02 井的实施，首次在南黄海盆地中部隆起海相地层中获得油气显示并发现巨厚的烃源岩，对南黄海盆地的油气勘探和突破将发挥关键作用，具有重要的历史意义和现实意义。

先生已逝，言犹在耳。先生才思敏捷，博古通今。如今，再也听不到先生谈古论今，忧国忧民。再也看不到先生力透纸背的书法作品，弘扬国粹的太极拳。再也请不到先生把舵领航，指点迷津。再深切的表达也诉说不尽我们对他深切的怀念。唯有继承先生的思想，在今后的工作中继续加以应用，并在实践中不断发展完善，让先生的思想永存，才是怀念先生最好的方法，我想，这也应该是先生最愿意看到的……

追忆刘光鼎先生

常 旭

中国科学院地质与地球物理研究所

2018年8月7日，立秋，我尊敬的老师刘光鼎院士因病逝世，噩耗传来令人悲痛不已。自古逢秋多伤感，草木凄凄不复荣，刘先生的离去，是地球物理学界的损失，我也从此失去了一位恩师。

刘先生是我做博士后期间的指导老师，是他引导我在科研的道路上不断前行。1991年秋季，是我在日本京都大学攻读博士学位的最后一个学年，临近毕业时，面临留在日本和回国工作的两种选择。当时恰巧遇到时任中国科学院干部局局长的张志林老师带团到日本京都大学考察，在与留学生座谈的时候，张局长介绍了中国科学院的发展，并鼓励留学生回国开展科研工作。我向张局长介绍了自己所学的地球物理专业以及即将拿到博士学位的情况，她非常高兴地告诉我，中国科学院地球物理研究所新任所长、学部委员刘光鼎先生正在筹划招收年轻的科研人员以补充研究所科研力量的情况，她还说研究所刚刚新建了办公楼，已经从位于农机学院内的旧址搬入新的办公地点。张局长还告诉我她回国后将会把我的情况转告刘光鼎所长。

1992年的开春，我欣喜地接到了中国驻大阪总领事馆转来的刘光鼎先生和张志林局长写给我的亲笔信（图1）。刘先生在信中介绍了他本人的研究方向，还告诉我他正在和研究所的一批年青的科学家一起工作的情况。简洁的文字和刘先生独特的手写字体给我留下

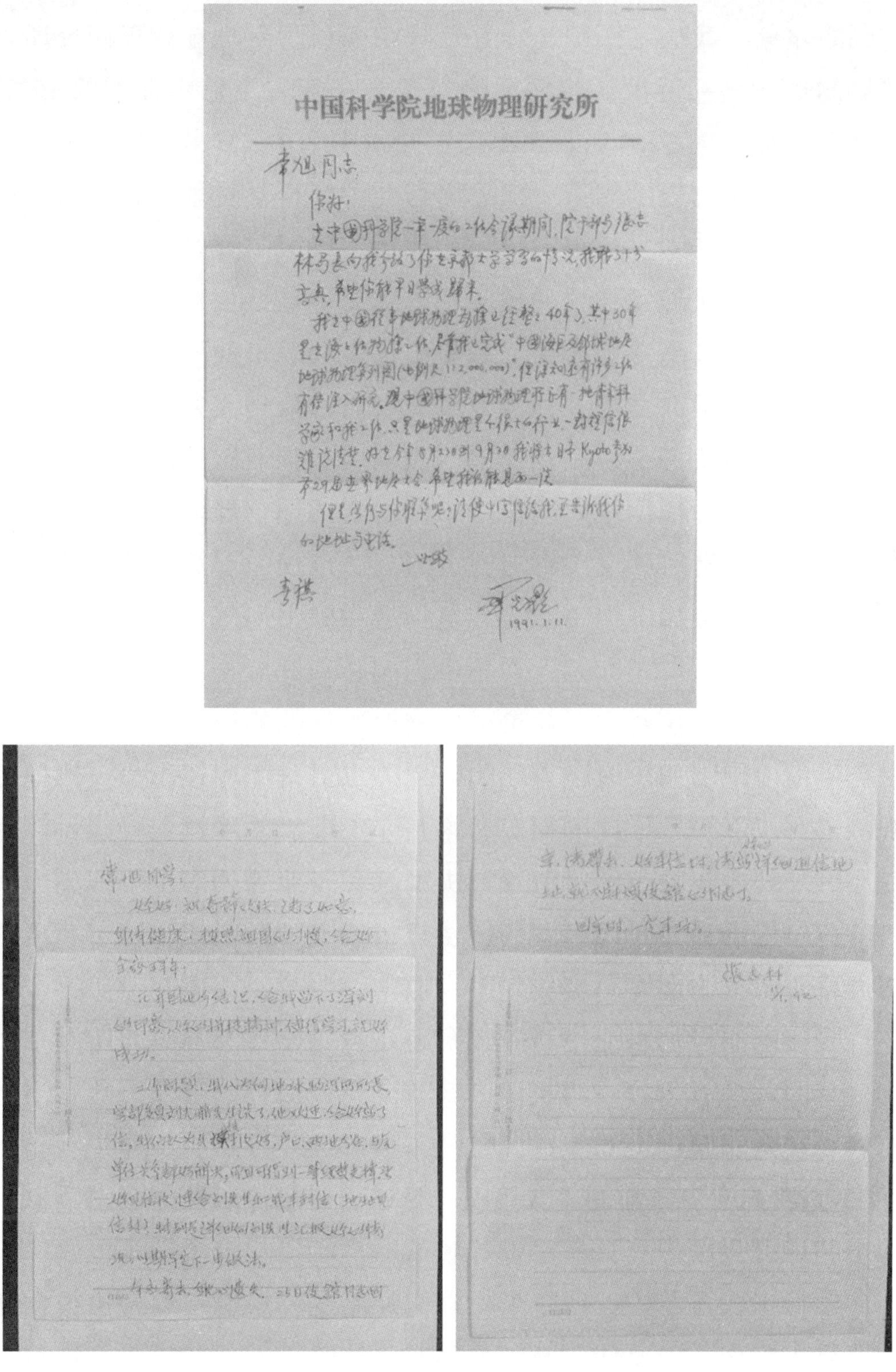

中国科学院地球物理研究所

幸旭同志：

你好！

在中国科学院一年一度的工作会议期间，院干部局张志林局长向我介绍了你在京都大学学习的情况，我非常高兴，希望你能早日学成归来。

我在中国从事地球物理勘探已经整整40年了，其中30年是主持大地构造探测工作，尽管我已完成"中国海区及邻域地质地球物理系列图（比例尺1:2,000,000）"，但深知还有许多工作有待深入研究。现中国科学院地球物理所正需一批青年科学家和我工作。只是地球物理是个很大的行业，一时难以说清楚。好在今年8月23日到9月2日我将去日本Kyoto参加第29届世界地质大会，希望我们能见面一谈。

但是为了与你联系方便，请你回信或来电话告诉我你的地址与电话。

此致

敬礼

刘光鼎

1991.1.11.

张志林

图 1　刘光鼎先生和张志林局长的亲笔信

深刻的印象，我决定回国工作并选择中国科学院地球物理研究所，遗憾的是我拿到博士学位回国的日子是在刘先生信中提到的第 29 届世界地质大会之前，没能如刘先生信中所望在日本京都一见。

我与刘光鼎先生的第一次见面是在中国科学院地球物理研究所他的办公室里，刘先生跟我谈起地球物理勘探研究领域在石油和天然气勘探中的快速发展，列举了地震勘探中诸多成功的方法。刘先生非常敏锐地指出，地球物理勘探不仅仅局限于油气研究领域，还有着更广阔的用武之地。刘先生从国家需求谈到大型工程建设、谈到各类工程地质灾害，明确提出了浅层地球物理研究的重要意义，指出解决复杂的浅层地质问题，亟待提高地球物理理论方法和技术的研究水平，亟待研发经得起验证的高精度成像和数据处理技术。刘先生还谈到金属矿产资源的大地构造和矿山地质结构问题，特别是隐伏矿产资源调查问题，刘先生强调必须开展重、磁、电、震联合的地球物理方法研究，才可以提高勘探目标的可信度和精度。针对当年反射地震层析成像方法的研究热点，刘先生还指出天然地震观测资料可以研究地球的圈层结构，人工地震的观测资料则可以研究小尺度地质体的问题，可以解决国家和工业界的需求。刘先生清晰的科研思维和对具体问题的缜密分析使我受益匪浅，是对我后来开展科研工作的良好启发。

我回国的当初，无论科研经费还是科研设备都是一无所有，在刘先生的支持下，我申请获得了 5 万元所长基金的资助，这在当时对我来说是非同小可的支持。我用约 39000 元购置了 COMPAQ 386 Q-25 便携式笔记本电脑，方便随身携带，使我可以在办公室和家里等多种场合完成计算机程序设计和编译。利用这台笔记本电脑，我重新编译了在日本攻读博士学位期间编制的一整套反射地震数据处理计算机程序，以便使研究工作具有延续性。在此基础上又编写了反射地震层析成像和井间地震层析成像以及三维波动方程、三维程函方程和三维射线追踪等计算机程序。这 5 万元的所长基金对我开展科研工作提供了非常重要的资金支持，如果没有时任地球物理研究所所长的刘先生亲自批准的这笔资金支持，在当时开展科研工作将是非常困难的。

在刘先生的指导下，我和其他同事一起参与了当时国家科委资助的关于隐伏矿产资源勘探的攀登计划 85-34 项目。为了考察金属矿和煤层埋藏的情况，我们曾跟随刘先生到煤矿和金属矿进行现场考察，刘先生和我们一同乘坐矿井罐笼下到井下，在巷道掌子面观察煤层埋藏和分布的真实情况，在金属矿与矿山地质工程师交流金属矿勘探的方法和技术。记得当时刘先生已年过半百，但他在野外和在工地现场一马当先、不辞辛苦的样子至今仍然历历在目，使我永远不能忘怀。

图 2　刘光鼎院士主持常旭博士后出站答辩会

博士后出站后（图 2），我留在地球物理研究所继续跟随刘先生开展科研工作。刘先生的科研方式始终保持理论与实际的紧密结合，刘先生从来不空谈理论，而是从实际需求出发，提炼出科学问题，并通过有针对性的理论方法研究努力解决实际问题。在隐伏矿脉空间分布的研究中，刘先生带着我们到朝阳金矿调研，帮我们与矿山方面协调并制定研究方案，使我们顺利地实施了朝阳金矿隐伏矿脉层析成像的研究，预测了隐伏矿脉的空间分布和产状。

20 世纪末，随着国际上深水油气勘探成功率的增加，我国的海洋油气勘探也开始走向深水海域，我在完成了中科院“南海北部深水海域油气勘探关键问题研究”的知识创新工程项目的基础上，与该项目团队成员一起，并联合中国海洋石油总公司，向科技部提交了开展南海深水油气研究的“973”项目建议。刘先生在立项建议的编写和整个立项过程中给了我们非常中肯的建议，支持我们成功立项。在深水油气“973”项目的执行过程中，刘先生对我们的研究工作非常关心，对我们每一步的研究进展都认真听取，刘先生以他在海洋石油勘探领域多年的知识积累和丰富的实践经验对我们的研究工作提出了宝贵的指导和建议。深水油气“973”项目的顺利完成离不开刘先生的支持和帮助。

刘先生一生认真的科研态度、渊博的学识、风趣的谈吐和敢作敢当的个性给我们留下鲜活的印象，刘先生永远是我们学习的榜样。

永远怀念我的老师刘光鼎先生！

恩师，引领我步入地质学大门

——追忆刘光鼎先生

刘伊克

中国科学院地质与地球物理研究所

当蒙蒙春雨推送着清明节渐行渐远，洁白如雪的槐花送来沁人心脾的清香时，又一个夏天来了。望着满树的槐花，我心中油然升起一种不可名状的感慨：又该是夏天了，转眼间，恩师刘光鼎先生离开我们竟然已经快一年了。随即，先生的音容笑貌那么鲜明地浮现在脑海，一切，仿佛还在昨天。

时间的帷幕拉开了 26 年前的回忆——那是 1993 年，我来到中国科学院地球物理所第四研究室工作。

最初的忐忑

第一次见到刘先生是在他办公室，先生态度亲切平易，而我心里却不免有些忐忑和紧张。先生问了我一下基本情况后，说现在有一个课题是研究盆地的模拟演化，让我负责这个课题的研究。这对我可是一个全新的挑战：我本科学的是物理，研究生专业是地震层析成像，对地质与盆地知之甚少。面对这样一个和我的专业并不切合的科研课题，真感觉无从下手，可是刚来所里工作，先生就把这样重要的课题交付给我，怎么能辜负了这份沉甸甸的信任？！只好心一横，硬着头皮接了下来。随即便去科研处查阅课题申请书，看看要做些什么。翻阅后发现，课题实施方案并不复杂，主要一点是开发做盆地“四史”模拟软件系统，即盆地沉降史、埋藏史、生烃史、运移史，于是心里觉得有点底了：自认为自己对软件系统开发还算是很有经验，已经用 C、C++以及 Windows 底层类库，开发过一些软件系统。

被迎接新挑战的热情激励着，我整日“钉”在计算机前，废寝忘食地投入了工作，先规划流程、建立系统界面，再对一个个界面进行充实和完善……

有鼻子有眼地做了一段时间，从系统界面上看，已经有好几层了，点击一个按钮即进入下一层，再点击又进入了下一层。当需要开发链接每一层的具体内容和功能时才发现，自己对盆地的“四史”模拟没有任何基础。这可怎么办？为了弥补这一大块专业知识空白，只好去找刘先生。

先生给我“开小灶”

先生认真地听了我所遭遇的窘境，不曾有任何不快，而是介绍了一本由著名学者 Miall 写的英文版《沉积盆地原理》让我看看。专业书来了，好一本大部头经典盆地模拟书籍！这本书不是很容易看，看了几个月还是似懂非懂，只是粗浅地了解了什么是沉降史。只好又去找刘先生。先生一看我需要补地质的基础知识，便当即给我开起了“小灶”，开始给我讲中国大陆的基本构造，只见他非常形象地勾画出中国大陆的构造格局，即“三横二竖两个三角”。他在一张 A4 纸上，先画出“三横”的位置，再勾勒出“二竖”，讲其中包括哪些构造，之后又深入浅出地剖析“两个三角”是如何构成的。先生形象的比喻，清晰的笔痕，但见在一张白纸上中国大陆的轮廓鲜明地跃然眼前。在后来的研究工作中，先生又给我讲中国大陆的五幕演化史，朱夏院士的 3T-4M 理论。这样反反复复给我讲了很多次，其间还运用了各种比喻。在先生诲人不倦的指导下，我的头脑中开启了一扇窗，窗外有那么清新生动、丰富多彩的地学专业知识，从中我也更领略了先生知识的渊博。

的确，先生的科学思维是那么的清新、活泼。

记得一次四室郝天珧主任拿给我一篇先生写的中国大陆构造格架和演化，说 *The Leading Edge* 向先生约稿，让我帮助翻译一下。我看了先生文章的内容，正是他一直以来给我讲的中国大陆构造演化史，只是意外地发现文章中竟然还加进了“杠、碰、吃”等中国麻将术语。先生将中国的麻将与中国的大陆构造演化联系起来了，感觉十分贴切而形象，但我不知道怎么将这些颇带有中国传统文化色彩的“行话”翻译成英文，只好用汉语拼音注译。之后，先生的这篇文章在 *The Leading Edge* 上发表了，但我读时发现，“杠、碰、吃”等麻将术语，被编辑删掉了，不由得颇感遗憾——看来美国同行们不懂中国的麻将。先生的这篇文章的中文手稿，我翻译完成后交还给了刘先生，不知道郝主任那儿是否还保存了一份。

“修行”靠个人

后来我读刘先生的博士，主要也是做的盆地模拟的研究。

刘先生领着我进入了地质学大门，但我知道自己很长时间一直在门口徘徊，并没有真正进去。我总感觉自己还是更喜欢确定性的科学研究，认为地质学是一门需要想象的科学，从地表想象到地下几千米到几千千米；从现在推演到过去几亿年。而我的思维太定性了，恐怕没有那么“广角”和“纵深”。其实我这种“理论”是不对的，刘光鼎先生是学物理的，却并不妨碍他从一门非常确定性或者说定量的科学，转换到不是特别确定的地质学研究，这应该是经过了较长时间的探索、学习和实践方取得的成功。我为自己学不好地质学找了很多理由，其中最“顽固”的理由就是学物理专业的学不好地质学。在写这篇回忆刘先生的文章时，我记起了我 2013 年参加 AGU 会议后，朱日祥院士带着我们一行人驱车去旧金山金门大桥附近的山上。朱院士和斯坦福大学一个地质教授，分别给我们讲解旧金山湾的形成，太平洋板块俯冲，讲得非常生动形象，那是一堂多么精彩的地质课！我当时就不禁在自我检讨，朱院士本科也是学物理的，却同样可以将地质学探究、演绎得那么多姿多彩，我怎么就那么不会“越界”呢？！刘先生、朱院士，同是物理出身，难道会是因为他俩都当过所长的缘故？

先生的思想、精神在我心中的永生

刘先生是我的博士导师。其实，我只是刘先生天下桃李中的一枝。从他身上我们学到的不仅是地球物理和地质知识，更有他为国家科技事业发展进步而鞠躬尽瘁的奉献精神。作为中国最早讲授地震勘探和海洋地球物理勘探的学者，先生积极倡导综合地质地球物理研究，推动油储地球物理与浅层地球物理工程，为国家经济建设服务；这位“中国海洋地质之父”、中科院资深院士、原中国科学院地球物理研究所所长、中国地球物理学会荣誉理事长，为国家所做出的重大贡献，无不令人由衷敬仰。

回想起与先生一起做过很多项目，一起出差，一起出国，天南海北、海阔天空地谈天说地，那些片段、情景，无不历历在目，每一页都是无比亲切的回忆。先生渊博的知识、深厚的文化底蕴、爽快的性格，以及大口吃肉、大杯喝酒的豪情，都那么明快、清晰地映入心湖。先生清新的思想、美丽的精神在我心中永生。

主编风范，人之楷模

——深切怀念恩师，追思办刊岁月

刘少华

中国科学院地质与地球物理研究所

2018年8月7日，恩师刘光鼎先生病逝。可敬可爱的先生终于没能抵挡住病魔的侵袭，在度过了89个美好春秋后，驾鹤西去，开始了人生的第二旅程。

先生在生命的最后两个月住进了中日友好医院。我们不止一次地去医院看望先生，希望能帮上点忙，多照看先生。看着先生身上插了那么多管子和无法吃喝无法排泄的状况，心里充满了惦念和不安。尽管这是北京最好的医院之一，但先生要走那一刻，恐怕分分秒秒都会来临。我们期盼的年底先生90大寿生日祝福聚会，还能否实现？在医院里，先生说话已经基本上听不清。在6月到8月这两个月里，我总是清晨去先生病房，因清晨探视的人少。先生在黎明时总是睁着眼睛躺在病床上，一直朝前边看。先生想说话，每次我俯首在先生耳边，捧着先生瘦骨嶙峋的大手，仔仔细细一遍一遍聆听先生的喃喃自语而听不清的时候，眼中总是噙满泪水。人生真会这么短暂吗！一代学者，一代大侠，一代宗师，难道就这样离我们而去吗？八〇后的“小刘”就不想过九〇后的生日了吗!! 时间飞快，去年的现在，咱们还风雨无阻，时常每周快乐小聚呢。尽管都是街边的小酒家，先生都快乐参与跟弟子们的相聚交流。先生总是开心地说，你们的饭钱，没我的酒钱贵。多少个开心的瞬间，数都数不清啊。2017 年年底的先生生日聚会，先生身体虽弱，还能出席，跟大家有说有笑。但到 2018 年，先生年初就出不了家门而坐上了轮椅。近年来，先生喜欢喝鸿茅药酒，我们总是从同仁堂药店买些给先生。但 2018 年，因该酒的“假酒风波”，先生暂不能喝了。虽现在风波已过，该酒恢复名誉，但弟子们的心里充满遗憾。

时间太快了，定稿时已近 7 月底，转眼间先生离开我们已经近一年了， 快到先生的祭日了。回想从 1994 年来中科院地球物理研究所做先生的博士后，到 2018 年送走先生，整整 24 年了。从 1997 年留所工作到先生辞世，也满了 20 个年头。人生有几个 20 年那！在这些年里，先生以父亲的情怀和导师的严谨，关心我的生活，指导我的学习和工作。在先生的关怀和指导下， 我能以从容之心努力工作，以平静快乐之心幸福生活。在先生身边的日子里，度过了人生最美好的时光。半年多来，先生的音容笑貌时时出现在自己的脑海里。这 20 多年来，除了先生外出或者有其他事情，近乎每周都有见面的时候。从在先生的办公室里给先生“布置”稿件终审签字，到接受先生对下一步工作的指令，从欣赏先生挥毫泼墨，到在单位附近的小酒馆里与先生畅谈人生和小酒小菜儿，那么温馨，那么快乐，仿佛就发生在昨天。先生的谆谆教诲，先生的挥笔题字，与先生的把杯共饮，与先生的私密交谈，而今都成为美好的回忆。

特别感谢我们所长朱日祥院士主持筹划这本纪念专集，科学出版社地质分社社长韩鹏全力以赴，郝天珧、江为为等好友精心编辑，能在先生逝世一周年前出版，这里，我就信马由缰、海阔天空地回顾与先生的一些往事，以表对先生的思念之情。

初遇恩师后便结下不解之缘

认识先生之前，我一直以为自己的生活一直挺顺当。也许是我的要求没那么高、没那么奢侈，所以人生小愿望容易满足。也许是我从没制定过人生的大目标，我老师同学朋友做事之后总能启发我，我跟随去做，因此顺当。老话儿说听人劝，吃饱饭，真是有道理。平日里不管做什么事儿，我总感觉自己慢半拍，自知都比别人觉悟的晚那么一点。也许冥冥中确有天意，每在生活的转折之时，总遇贵人指点迷津。

如 1974 年，我中学毕业后就想到广阔天地里去玩儿，结果欢天喜地地成了下乡知青。大有作为两年后想去上班，就在 1976 年后，从知青点返城成为百货公司的汽车驾驶员。那年代我家乡流行的好工作是听诊器、方向盘、供销股长、采购员，我自然感觉那是相当不错。1977 年恢复高考的消息传遍全国时，我还没在意，人家高考时，我正在考驾照。过后突然发现几个知青好友考上了大学，问问他们我才大梦初醒，感觉努力学习才是人生的大方向！于是心里立马长草，发誓要去读书。于是边开车，边复习。在驾驶楼儿里把着方向盘，高声背诵而不受干扰的复习情景记忆犹新。1978 年，考上了长春地质学院，还是重点大学。当录取通知张榜公布时，尽管周围认识我的人们还充满了叹息声，说这么好好的司机不干，考什么大学，还去爬大山，亏大发了。但我的心里依旧美极了，好男儿志在四方！那时没有选校辅导，我想象中的地质学院毕业后，从事既可以天天免费上山下海四处游走，又可能坐大飞机的工作。当时报的专业叫航空物探。一个小县城的懵懂青年，就满怀喜悦地上了长春地质学院。1982 年毕业以后，还留校当了教师。心里更美了，觉得在长春这大城市真好。小司机当上了高校教师，值得庆贺。大学的讲堂是神圣的，为人师表，更要好好工作。接着，又在同学老师的启发下，念了硕士、博士。当一块儿毕业的博士同学远走高飞后，我的心里又长草了。我在长春地质学院数学地质研究室王世称、夏立显教授指导下，获得了数学地质与矿产资源预测博士学位。当年我们专业共毕业了 5 位博士，刘晓华去地震局地球物理研究所读曾融生先生的博士后，张晓华去了地科院，侯惠群去了核工业研究院，谈小生去了遥感中心，孟宪伟则去了青岛海洋所。他们鼓励我出来继续学习，认为北京是天子脚下，经济文化和科学技术中心，是从事科学研究最好的地方，是北方学子的首选之地，而且刚兴起的博士后工作站也非常时髦，既能从事研究，又能带家属。于是我又开始联系博士后，1994 年，如愿以偿，来到了中国科学院地球物理研究所，认识并拜刘光鼎先生为师，做了博士后研究。

记得当时在学友肖克炎引导下，从位于西四的山水宾馆骑着自行车，一路北上，找到了三家我认为最牛的单位：中国科学院遥感所，中国科学院地质所，中国科学院地球物理所。前两个研究所因为我报名较晚，当年名额已满。人事部门婉言谢绝了我。我信心不足但又怀期盼地来到位于朝阳区大屯路的地球物理研究所。因为我是学地质和数学地质出身，对地球物理仅知皮毛，但在硕士博士期间，在铀矿和金矿综合信息方法成矿预测项目研究中应用了不少地球物理方法，并取得一定效果，所以又充满了进一步学习的欲望。我来到中国科学院地球物理研究所科研处，说明了我的情况。所里白武明老师热情接待了我，并告诉我长春地质学院的人学风正，爱学习，能吃苦，在所里口碑不错。比如这里有你的上届 77 级校友郝天珧，还有你校张忠杰、刘洪等。正巧那天郝老师就在所里。 通过白老师引见，当一位白净漂亮戴着眼镜的女学者热情地跟我打招呼的时候，我就认出了这是当年在学校就知道的郝天珧老师，虽毕业十多年，但模样基本都没变。因为地质院校男多女少，同在一个宿舍楼住，同在一个大食堂吃饭几年的女同学，几乎男同学都知道，只是女同学不认识我罢了。这次才知道这位年级比我高，年纪比我小的才华横溢的 77 级校友郝老师，一毕业就来到这里，是所里的年轻元老了。我跟郝老师谈起了在学校的往事，感慨万千。当时我们地勘系都住在一块儿。可谓同走三年食堂路，同住三年宿舍楼。当我表达了想做博士后的愿望之后，郝老师表示热烈欢迎。她介绍了大科学家刘光鼎院士和他组建的综合地球物理研究室，并鼓励我投师刘光鼎先生。我当时已经知道刘先生是国内地球物理大家，年纪轻轻的就是学部委员。而且当时正进行全国大型科学找矿项目攀登计划 B，刘先生是地球物理方面的负责人，谢学锦先生是地球化学方面负责人，王世称先生负责综合找矿方法实践和研究。因为刘先生太高大上了，而且还跨专业，我心里忐忑，怕先生拒绝。郝老师告诉我先生对有实际工作经验的年轻人非常好，只要你虚心好学，工作扎实，通过先生的面试，就有可能实现愿望。这样，在安排好的时间，我来到先生办公室，见到了仰慕已久的先生。第一眼的感觉是先生威武英俊，气场满满。先生又是那么和善可亲，平易近人。先生看过我的资历简介后，整整跟我谈了一下午。从专业到人生，从科学研究选题到太极拳法武侠小说，无话不谈。我心里充满了对先生的崇敬，从开始的拘谨小心，到后来的无话不说。回答先生的各种问题，懂的就回答，不懂的也如实告知。先生的地学大格局观，让我深深震撼。我汇报了我的博士论文是针对黑龙江大小兴安岭覆盖地区，研究利用综合信息寻找隐伏金矿资源。先生认为选题很好，并强调“综合”的重要性。针对一个地质问题，要发掘一切相关信息，进行处理和综合，才能知晓全貌，解决问题。找寻隐伏矿床更是如此。先生极力主张地质、地球物理和地球化学的研究一定要相互结合，才能查明复杂地学问题。先生也语重心长地告诉我，综合信息的获取是很有难度的事情，绝不是把几张不同类型图件简单叠加那么简单。先生兴致勃勃地谈起了他做地球物理工作的方法论，即地质地球物理综合解释的“一、二、三、多”，真是精辟啊！先生后来讲到搞科研和从事一般社会活动要有大局观，这样才能打通人体的任督二脉，解决各种问题。我深深为先生的风范所折服，感觉先生对科学、社会和人生的理念，远远高于常人。可谓十八般兵器样样精通。又知先生是吴式太极拳的一代掌门时，更是佩服。想到今后在名师指导下，更好地学习和掌握新本事，真是快事！一下午的面对面考试，让我一点点地消除了恐惧，听得如饥似渴。到后来，都快忘记了时间。几天后，我收到了录用通知，从而踌躇满志地进行博士后研究。按照先生部署，继续研究不同比例尺金矿床的资源量评估与靶区预测。曾深入第一线，与全组同事来到山东胶东黑岚沟金矿井下实测，向所里于昌明老师等学习 CSAMT 方法实测和曲线解释，进一步具体了解和掌握地球物理方法的野外实际工作过程和对隐伏矿的作用。

先生对我的谆谆教诲永世难忘。除了工作和专业知识学习，先生对我的最大恩惠是教我如何做人做事。认识先生时，我已经 38 岁，近不惑之年。但跟随先生学习和工作后，才知道不仅科研工作永无止境，生活中也有许多东西要学，不然很难适应这个纷纭复杂的社会。先生经常告诫我无论做什么都不能自满，不能得意。人生不易，学习不易，工作也不易。经常会遇到挫折。先生告诫说，人生一定要有感恩之心和敬畏之心，有这两种认识，才能快乐生活，少犯错误。有感恩之心，感谢父母国家和社会让我来到世上，有学习生活工作的权利；有敬畏之心，上苍会惩罚一切有违社会生活准则的人和事。要遵守法律，遵从伦理纲常，才能不做越轨之人。先生的教诲，使我少了冲动，多了冷静；少了盲从，多了理智。对工作事业和生活，少了随意，多了一份责任感。

遵从先生旨意，从事期刊编辑工作

1997 年年底出站后，面临新的工作选择。在做博士后期间，我曾与地质科学院区划室取得联系，准备出站后继续从事矿产资源评价和预测工作。那里知道我是刘院士弟子，又有过相关研究经历，也非常期待。原工作单位也特别缺人，希望我出站后赶紧回来，还有可能主持相关工作。但恩师刘先生却给我指明了另一条路。他作为《地球物理学报》（以下简称《学报》）、《地球物理学进展》（以下简称《进展》）的大主编，知道两刊特别缺少既懂专业，又能接受指挥，还可持续坐冷板凳的后继人才。他鼓励我开启人生新的路程，从事期刊工作。但我当时还瞧不上为他人作嫁衣裳的小编工作，所以开始没想通。先生办法多多，他并不直接要求我做这工作，但从另一个角度启发我，让我明白好多原来不知的道理。

第一，全国从事科学研究和教学工作的研究员教授多如牛毛，但作为科学研究龙头龙尾的专业科技期刊，并不很多，名刊大刊更是少之又少，编辑是稀缺人才！《学报》早就是国内外知名期刊，为中国地球物理事业的发展，立下汗马功劳。很多从事相关研究工作的专家都想参与其中但没机会。如果成为期刊的负责人，那更是人中吕布，马中赤兔，将担负着重中之重的工作。有可能被选中者，寥寥无几。表面上看，办刊人是为他人作嫁衣裳的小编辑，实际上，其贡献远非一般研究人员可比。也会有相应的待遇，也会受到业内人士的尊重。

第二，办好一个期刊并不容易。没有长期的科研工作储备和宽泛的地学领域综合知识，没有良好的职业道德和奉献精神，即使是从事了这项工作，也不能做好。所以期刊工作的选人也是一项重要任务。主编要选择的当然是既能自己信任，又可以掌握专业技能并听从指挥的人。所以，作为我的学生，又正值当打之年，只能说你的机遇不错，如果愿意，你是不二人选。

第三，我是讲原则的，我也是“护犊子”的。我选的人，必须好好工作，但在工作中受到无辜非难和打击，我是绝对不允许的，我会据理力争的。

这样，在先生的鼓励和“诱惑”下，我离开了专业科研，义无反顾地进入了崭新工作领域。开始事无巨细，大事小事都请教先生和我们主任郭爱缨老师，很快进入工作状态，并且越干越有体会，越干越喜欢上这一行。记得是1998年元旦那天，我急急忙忙来到《学报》编辑部向郭主任报到，坐下以后就开始照葫芦画瓢，从简单退稿信写起，开始了我的科技期刊编辑生涯，并从2004年开始，担任两刊联合编辑部主任、专职副主编，直到2016年退休。

先生对《学报》的前瞻性规划和巨大贡献

《学报》自1948年创办到今，已70华诞。他是伴随中国地球物理事业发展而生存和发展的。其主编和编委会，由每个时间段里最牛科学大家组成。1948～2018年，《学报》经历四大主编。皆为我国地球物理学领域的杰出代表。2018年以前四大主编，如图1所示，自左至右为：翁文波先生（1912～1994）；傅承义先生（1909～2000）；顾功叙先生（1908～1992）；刘光鼎先生（1929～2018）。

图1　《学报》四大主编

先生是科学领域内的大师级科学家，作为长期领导重要期刊的大主编，他又是国内期刊界声望极高和有巨大影响力的期刊专家和编辑大家！他倡导的期刊发展模式和路线，对一个期刊至关重要，作为经验扩展，对全国期刊都有巨大影响。先生自上任主编以来，就非常关心中国科技期刊的建设和发展。他经常跟我讲，一个有影响的科学家，要想引领学科发展，必须能办好一个学会和一个期刊，这才是实实在在的贡献。作为主编，先生对中国科技期刊的优缺点了如指掌。他认为，中国科技期刊必须要面向全世界，充分展示中国科学家的最新研究成果，才能为学科发展和国家建设服务。

从 1989 年底，到 2018 年 8 月，先生一直担任《学报》中英文版和《进展》主编。近 30 年来，先生作为两刊主编，对期刊进行了重新定位，这对期刊的可持续性发展作用巨大。

我体会最深的是，先生对《学报》发展的重大贡献体现在他对学报的定位和发文制度。他特别强调地球物理学从本质上是一门应用科学，不仅在理论上要发展，在应用技术上更要发展和创新。地球物理学必须进入国家经济建设主战场，在国家建设和发展上更应起重要作用，不仅能促进国家建设快速发展，而学科本身也在实践中得到更大发展。所以《学报》载文必须理论和应用一起抓，决不可偏废。

1990 年初，先生上任伊始，便全面开展工作，对办刊宗旨给予新的定义，把理论和应用并举的观点正式作为期刊的办刊要点。1990 年 2 月 28 日，他主持了新一届编委会扩大会议。制定了期刊今后的发展要点。强调要继承和发展傅老提倡并一贯坚持的严谨、求实的办刊精神，同时要在以下五方面进一步加强和改进：

（1）找准《学报》定位，强调理论研究与应用技术研究并重。学报要坚持发表高水平基础理论研究成果，面向全国、走向世界。也要加强应用技术研究成果出版，面向国民经济主战场。文章既代表中国地球物理学界的理论研究水平，也要代表我国地球物理技术应用研究新成果。

（2）继续保持严格稿件评审制度。每篇论文必须有主编签字方可发表。靠严格的评审制度来抵制学术上的宗派作风，公平公正地对待每一篇稿件。

（3）重视编委会的作用。要建立国内外一流水平的编委会，并将编委会工作制度化。决定每年召开一次编委会全体会议，听取和审议编辑部主任做的年度工作报告，掌握本年度工作情况，对下一步工作提出具体要求和计划。此制度一直延续至今。

（4）扩大新的学术增长点。重视新理论新方法新技术，扩大新的学术增长点；关注与国民经济建设和国家发展密切相关的能源、环境、灾害地球物理问题。

（5）加强期刊数字化建设，改善编辑部工作环境，提高编辑技术，同时关心编辑队伍成长，不断补充优秀人才加盟编辑队伍。

他在任主编的近 30 年里，始终如一地坚持并实施这一理念，而不为各种影响所左右，这难能可贵。我上任的 20 年中，先生对期刊的战略规划和精准定位，是我工作的依据和指导。当年制定的五条意见，核心内容延续至今。先生一直认为，地球物理学是一门应用科学，必须要把应用研究放在与理论研究相同的高度才行。这说起来容易，做起来有相当难度。但如果不这样做，那不仅是期刊的悲哀，那将是学科的灾难和学科的悲哀。以后期刊的发展和地球物理学科的发展，一一证实了先生的定位和布局的正确性。就如当年先生提出的三海战略、二次创业观点一样，当时石油系统内权威人士和相当一部分人不理解不认可。但时至今日，早已在领域内达成共识，并取得重要突破。让我深深体会到大科学家前瞻性思维和坚定的立场，对问题的入木三分的看法和特立独行的果敢和勇气。

我作为办刊人，时常与先生沟通，经常跟先生汇报我的想法和忧虑。有一次，我汇报近些年来，中国期刊特别是中文期刊步履艰难，期刊界受欧美发达国家的影响和作用过大，这种影响也左右了一批相关机构和领导的思路。那就是一切面向 SCI 倾斜，甚至要取消国内的编辑部，改制为其他编制。当时中国科学院的出版委员会也被撤销，取而代之的是受战略规划局领导。所有科技期刊要以影响因子和总被引频次等指标为衡量好坏的标准。而这些指标的提升，要靠理论性较强的文章来支撑。如果刊登较多的应用技术类文章，这些指标就会大打折扣。从而给那些唯计量指标说话的人们，授之以柄。 期刊的影响力和权威性就会受到挑战。由于《学报》是 SCI 数据库收录的期刊，所以生怕期刊受到影响。就连编辑部内部，也有不同声音。先生听此，以大侠之气概愤然驳斥那些以 SCI 马首是瞻的错误观点。先生告诫我，千万别跟着什么指标走，期刊的核心就是发好文章，只要是对学科发展有利，对国家建设有利，咱们就发。咱们就是要刊登应用方面优秀文章。虽暂时指标差点，但我们必须发。先生认为，一个期刊的好坏，绝不是几个指标就能左右的，关键是刊载的内容是不是优秀，科学成果可不仅仅是光靠引用啊！先生的话给我吃下定心丸。

先生总是不满那些仅抄洋人文章的写手。认为没有经过认真科研的文章，不是好文章。先生曾明令：凡是参考文献不引用中文的，一律退稿，并说明原因。提醒年轻学子别走弯路。这对年轻人的培养，至关重要。

遵从先生的旨意，我们排除很多干扰，冒着期刊技术指标降低的风险，发表了相当数量应用地球物理学方面的高水平论文。每期学报的大栏目都有应用地球物理这一栏，占每期总发文的三分之一左右。《学报》也由季刊发展为双月刊、月刊，信息量成倍增加。

我们还不定期地出版各类专辑和专栏，集中展示应用地球物理的新技术新成果， 这已成为惯例，实现了先生倡导的理念，展示了地球物理学进入国民经济主战场的战略行为。每期应用地球物理专栏专辑，先生都要热情洋溢地写出“主编寄语”。如，从 2011 年到

2017 年，先生为专辑和专栏写出的 9 篇主编寄语字字珠玑，充满哲理，具有指导作用：

（1）刘光鼎，为地球物理仪器专栏而作。

推动地球物理方法创新，引领探测仪器技术未来，地球物理学报，2017，60 (11): 4145-4148。

（2）刘光鼎，为浅地表专辑而作。

立足浅地表，发展新技术，地球物理学报，2015，58 (8): 2589-2590。

（3）刘光鼎，为深部探测专辑而作。

深部探测：诠释成矿过程、拓展深部资源，地球物理学报，2015，58 (12): 4317-4318。

（4）刘光鼎，为南北构造带专辑而作。

加强地震带构造研究，促进社会可持续发展，地球物理学报，2015，58 (11): 3865-3866

（5）刘光鼎，为中国海及邻域综合系列图专辑而作。

编制海陆系列新图，矢志海洋强国梦想，地球物理学报，2014，57 (12): 3859-3860。

（6）刘光鼎，为国际地球物理仪器发展专辑而作。

发展地球立体探测技术，提高地学仪器装备水平，地球物理学报，2013，56 (11): 3607-3609。

（7）刘光鼎，为我国深部探测技术与实验专辑而作。

开展地球物理深部探测，实现我国“入地”壮举，地球物理学报，2012，55 (12): 3883-3883。

（8）刘光鼎，为火山岩油气藏地质地球物理研究专辑而作。

祝大庆油气田再铸辉煌，地球物理学报，2011，54 (2): 267-268

（9）刘光鼎，为南海大陆边缘研究专辑而作。

深化南海大陆边缘研究，地球物理学报，2011，54 (12):

2991-2992。

一批以应用地球物理学研究为主的科学家，也因在《学报》长期发稿，逐渐成为领域内翘楚，学界大咖。近年来，如郝天珧研究员，作为本刊副主编，发表了63篇有关海洋地球物理、金属矿地球物理大作；底青云研究员，发表了有关电磁方法及地球物理仪器研制等55篇大作；李幼铭研究员，发表了与油储地球物理有关的学术论文47篇；殷长春教授发表了电磁特别是航空电磁方面34篇大作；薛国强研究员发表了瞬变电磁技术等31篇大作。因作者很多，不一一列举。这些载文成果，极大地促进了我国相关学科科学技术的发展。显著提高了我国地球物理应用技术的整体水平。

在主编指导下，《学报》走上了可持续发展的快车道。从1989年到2018年近30年间，《学报》编辑部完成了从第32卷到第62卷12期的30卷鸿篇编辑出版任务，使中国地球物理学成果广为传播，海内外关注，进一步延续和巩固其国内地球物理学期刊的权威地位并逐步提升国际影响力。

主编一直主持《学报》编委会和编辑部工作，通过每年一度的编委会会议，实现编委会和编辑部的合作与沟通。这期间，《学报》经历了三任编辑部主任（言静霞，1979～1998年；郭爱缨，1998～2003年；刘少华，2004～2016）。编辑队伍经历了新老更替，逐渐变成以地学博士为主体的编辑队伍。刘先生非常注意编辑人才培养，先后亲自挑选地学博士何燕、胡素芳、张正峰三位加盟编辑部，经过多年历练，如今皆成栋梁之材！

从1948年到2018年近70年间，《学报》经历了跌宕起伏，在风雨中稳步前进。在四任主编翁文波、顾功叙、傅承义和刘光鼎先生的领导下，取得了举世瞩目的巨大成就。翔实记录了中国地球物理学发展历程，引领了学科的发展方向。在刘先生的领导下，《学报》和《进展》已成为我国地球物理研究人员之间学术交流的重要载体，整个地学界乃至各个学科分享最新研究成果的重要平台，在我国地球物理学界具有不可替代的地位和影响，获得了无数的荣誉和奖励。多次获得代表中国科技期刊最高荣誉的期刊政府奖和国家期刊奖。跟随先生工作的我，深深感到责任重大，20 多年心无旁骛，一心扑在期刊上。2016 年底我退休时，先生找我商议，他说小刘（先生一直自称小刘）还没退，你也不能退，你要继续关注期刊，做出自己的贡献。所以一直到先生逝世，我还一直为《学报》和《进展》做事情。

先生对《进展》关怀备至，抓住要点，使其快速成长

1989 年先生任《进展》主编之后，参考《学报》做法，制定《地球物理学进展》今后发展三个重要转变：

（1）期刊从翻译为主的内部文献，改为刊载研究论文和综述文章。

（2）办刊宗旨明确为：刊载理论性和实践性较强的优秀论文。探讨我国地球物理学科的发展战略，反映地球物理各分支学科前沿研究进展，评价地球物理学发展现状和趋势。

（3）优先发表年轻地球物理学工作者的文章，培育青年才俊。

当年秋季，编辑部积极运作，经有关机构批准，《进展》正式成为国家公开发行刊物，告别了内部出版物阶段。先生亲自为期刊题写下潇洒飘逸的刊名《地球物理学进展》。

《进展》在先生领导下开展工作。一大批知名学者和青年才俊都把研究成果和综述文章投给本刊。马在田、宁津生、陈颙、滕吉文、杨文采、姚振兴、朱日祥、吴功建、徐文耀、张忠杰等重量级学者成为本刊作者群，期刊学术水平大幅度提高。如今，本刊已经成为我国地球物理学界有显著影响的重要期刊。入围 CSTPCD、CSCD

和北大核心期刊要目总览等核心数据库。2006 年起，《进展》的网站平台建设取得长足进展。《进展》和《学报》已经从单一平台发展为多功能综合网络平台，数据库和专家库共享。近年来，我们与玛格泰克科技发展有限公司、北京仁和汇智信息技术有限公司等公司合作，建立了与国际一流期刊网络化平台基本同步平台。实现了期刊工作数字化、网络化、移动通信自动化。还实现稿件自动防学术不端系统网络嵌套。将学术不端行为扼杀在摇篮里。2016 年与万方数据公司和玛格泰克公司通力合作，实现了把万方数据的防伪系统文件嵌套在本刊网络平台之中，针对任意来稿，在稿件收录处理过程中，网络自动提供来稿的“相似度”信息，让编辑部第一时间自动获得，并对不符合标准的稿件在初审阶段予以退稿，对“相似度”达到 45%以上的作者给予谴责。2017 年，与中国地球物理学会合作，进一步网络升级。目前，《进展》和《学报》的联合网络平台水平走在国家期刊类平台前列。

我更敬佩的是，先生作为主编常亲自为《进展》撰文 ，把他的创新思想和有关战略布局在第一时间发表。1999 年，首发《中国近海前新生代残留盆地初探》，再提海相残留盆地在中国油气勘探中的重要意义。2001 年首发《中国油气企盼二次创业》，首次提出了石油工业二次创业的战略观点，受到政府高度重视，并迅速得到落实，此后不久取得了普光气田等一大批新发现，为中国油气资源勘探领域做出开拓性贡献。发现普光气田的马永生院士现已成为中国石油系统的掌舵人之一。2003 年，首发了《试论军事地球物理学》，首开军事地球物理发表之先河。共同作者刘代志教授，是教授中极少数晋升将军之人。他不仅在我国火箭军系统建立起军事地球物理学学科，又在中国地球物理学会建立军事地球物理专业委员会，全面开展工作。

先生还身体力行，坚持主编定稿的制度，原则问题，从不马虎。

坚持每篇论文必须有两位小同行评审，由主编确定之后方可发表。先生还特别关心编辑队伍的成长，关心编辑部每个人。编辑部的所有成员，都是先生精心挑选而来。先生的眼光是独到的。相信今后的本刊编辑队伍，能够越做越好，继承先生的遗志，做好自己的工作。

继承先生遗志，继续前行

作为大科学家、大编辑家和中国地球物理期刊的掌门人，先生远见卓识，为中国科技期刊的生存和发展做出不可估量的贡献。习近平主席在2016年全国科技创新大会、中国科学院第十八次院士大会和中国工程院第十三次院士大会、中国科学技术协会第九次全国代表大会上，殷切期望“中国广大科技工作者要把论文写在祖国的大地上，把科技成果应用在实现现代化建设的伟大事业中”。跟先生的想法和做法不谋而合。我心里对先生的敬意，难以言表。

图2　与先生在先生办公室合影

先生曾给我留字并合影：难得糊涂。先生告诫我，对工作大事，不糊涂；对生活小事，难得糊涂。这是多么豁达从容地面对人生啊(图2)。

最后，放上我一直珍藏的先生给我的字（图3）：大道多崎。我一直以此自勉。大道多崎，国家的发展不易，每个人的工作和生活不易。我们都生活在不进则退之中。国家必须努力，否则难以实现强国梦；期刊需要努力，否则永远会被欧美同行欺凌；个人需要努力，否则生活不会大顺。我会时时记住先生的话，常怀感激之心和敬畏之心，砥砺前行，继续走在充满崎岖的大道上。

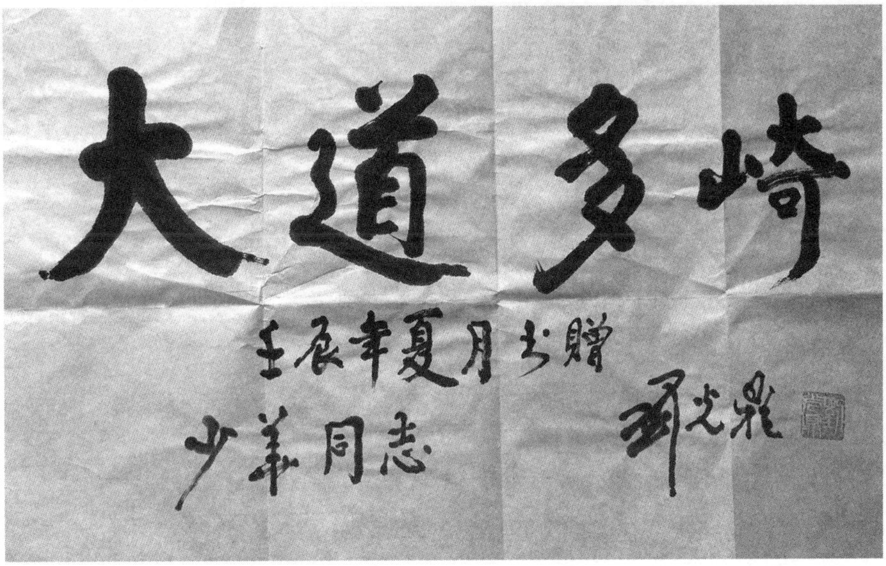

图3 先生送我的书法墨宝

追思我的老师刘光鼎院士

宋海斌

同济大学

2018 年 8 月 7 日刘老师去世。

刘老师作为我的硕士导师与博士后导师，在北京有 18 年一起工作的经历，是很亲近、熟悉的一位老师，也是对我影响最大的一位老师。从 1990 年在同济大学读刘老师与王家林老师的硕士研究生，1996～1998 年在北京中科院地球物理所跟着刘老师读博士后，后留所工作， 2014 年调离北京，与刘老师有很长时间的密切交往。

没有刘老师，我估计也不会去北京、去中科院。在到北京几年后，刘老师说起当时在吴如山老师那边待了一个月，吴老师说马老师（马在田老师）推荐了两个人（小金和我）去美国的事宜，刘老师说让小金去美国，小宋去北京。2017 年/2018 年，吴如山老师到同济大学时也谈到了当时的情况。其实在读博士一年级的时候，刘老师打电话给王家林老师就说起，让我去北京读博士后的事情，王老师说他在读一年级呢。最后，1996 年 5 月 22 日那天我到了中科院地球物理研究所，推开了大屯路地球物理所办公大楼 2 楼刘老师办公室的门，那个镜头现在还是记忆犹新。

与刘老师在一起的时间很长，中间发生的事情不少。我来到地球物理所的时候，是属于四室综合地球物理研究室，在地球物理所做博士后期间，刘老师有一个“863”专题，20 万的项目，刘老师非常大度地将本子交我管理。

在北京的时间里，刘老师带我们参与边缘海“973”项目、南海大陆边缘“973”项目和环渤海残留盆地等项目的工作。我在博士后出站后主要从事了天然气水合物、地震海洋学等方面的工作，也和学生一起做过构造热模拟方面的工作。这些方面，都得到了刘老师的鼓励与帮助。刘老师对我非常宽容，天然气水合物、地震海洋学都是因为自己有兴趣开展的研究，刘老师也是支持的。

1999 年起刘老师和秦蕴珊院士、金翔龙院士等一起推动“973”边缘海项目，高抒、李家彪研究员为首席，第一期项目从 2000 年到 2005 年，第二期南海大陆边缘“973”项目从 2007 年到 2011 年，通过两个项目的合作，与国内多个海洋单位的同行有了较密切的接触与有关合作。我们经常在杭州等地开会。第一期“973”项目期间我主要做天然气水合物方面的研究，第二期“973”项目的时候开展了构造热模拟工作。我辅助李家彪首席进行课题的工作，都是总结性的动力学机制方面的课题。

2007 年起一部分精力在做构造热模拟，这是刘老师到中科院一直想推动的 TSM 模拟的重要组成部分，刘老师是比较欣慰的。他从地大要了两个研究生（赵长煜、张炯）加盟到我们的研究中来，加上陈林、宋洋，黄兴辉也参与部分，我们做了 5 篇学位论文，完成了江汉盆地、南海北部、南部盆地的构造热模拟，建立了系列模拟方法与程序（特别是拉张型的盆地），也算是一个方向的工作。

2019 年 1 月份去刘老师家里看了宋老师，刘老师书房没有什么变化，我们依旧坐在写字桌对面靠墙处的沙发上，坐在我们对面的是宋老师了。

先生已去，过去的都是回忆。刘老师为人豪爽，侠肝义胆，特别喜欢武侠小说，刘老师也是多才多艺的人物，书法、太极都非常厉害。先生推动的综合地球物理、盆地模拟、残留盆地、边缘海项目等，我也曾有所参与。我们也在 2000 年一起去卡尔加里参加 SEG

年会，那时刘老师、江为为和我还住一个房间。

刘老师对我特别关照，对我这个学生是挺好的，我是先生很亲近的一个学生。因此，那么多年，我们师生关系一直不错。刘老师的离世我非常伤心、失落、落寞与惆怅，久久不能释怀。遗憾的是刘老师去世前，我们夫妇去中日友好医院看刘老师，刘老师跟我们也说了不少话，但因先生身体太虚弱，我基本上没听清楚，不知道老师想表达什么意思。回想起来，许多事情都在眼前，包括初来北京做博士后推开刘老师办公室门，刘老师带我去见人事、资产相关的老师，等等。

有缘曾经在一起，先生一身正气，为人豪爽，交友甚广，我也有幸与先生一起见过不少老师。先生学物理出身，后从事地球物理教学与调查科研工作，强调综合，有挺好的地质功底，与朱夏、业治铮院士一起到同济成为佳话。我入学同济，因此有幸与先生相识，相聚，成为师生。

附上 1992 年 12 月在同济大学硕士答辩时与刘老师的合影（图 1），表示深深的思念。

图 1　笔者硕士答辩时与刘先生合影

思念一代科学伟人

——为“综合地球物理”把脉

王彦飞[1,2]

1 中国科学院地质与地球物理研究所

2 中国科学院油气资源研究重点实验室

我 2006 年进入中国科学院地质与地球物理研究所工作，我成长的过程与先生的谆谆教导分不开。当时，先生把我当小孩儿看待，喝酒、聊天、谈心以及事业，从不避讳我们这些小辈。先生也很喜欢我们家女儿，见了面总是用英语跟我女儿聊天，习惯性的一句“How are you”，拉近了我女儿跟先生的距离。在先生 82 岁生日那年，我女儿还特意为先生准备了一曲“小步舞曲”小提琴独奏曲。先生赠女儿的礼物——小象，至今还保留着。

先生生性豪爽，一代侠客，好酒，我经常在先生每周固定时间到所里工作的时候，中午请他喝顿酒。他喝不多，但很开心。

2017 年我受命担任中国科学院油气资源研究重点实验室主任。先生对我任此职位更是悉心教导。2017 年 5 月 3 日，我找先生谈心的时候，他精辟地指出，我们要团结带领实验室的同志大力加强“一带一路与海洋油气资源勘探”的研究。特别在“一带一路”上，他指出要以综合地球物理为主导，反复强调“综合地球物理”一定要加强，走多学科交叉的道路，做出我们室的特色。在先生的大力支持下，实验室的研究定位和新的研究方向确立，一直指引着实验室健康有序地发展。

先生开创了地质与地球物理综合研究流派，更兼文史哲乃至健身武术的深厚功底，在学术研究上治学严谨，经常引用权威的辞典，对某些专业名词不确切的解释进行纠正，给我留下了深刻的印象，他还常常亲自主持会议，嗓音清晰、洪亮，讲话逻辑强、思路清楚，精神抖擞，完全看不出来已经是一个八十几岁的老学者。

先生堪称中国海洋地质之父，在谈到南海资源开发时，他的一句“不谋全局者，不足谋一域，不谋万世者，并不可谋一时”，深刻地影响着我的思考。他所代表的一代专家，及其不断更新的研究和勘探成果，是我们关于中国海洋地质知识的源泉。先生生活俭朴，经常亲自打扫办公室，打开水，抹桌椅，没有一点知识分子的架子。他博学多才，在20世纪90年代中期学英语热潮时，他曾鼓励大家多看唐诗宋词，先学点自己国家的东西，没有基础不要去赶潮跟风，想想是多么朴素的教导和希望。先生风趣幽默，非常关心下一代的成长，每逢有时间他总会端起酒杯到青年学者桌，幽默地说道：“八〇后的小刘来敬八〇后的你们喝一杯！”

先生是《地球物理学报》的主编，自1989年以来，对期刊的定位与发展起到不可估量的作用。先生一直强调地球物理学是一门应用科学，在国民经济的建设和发展中起到重要作用，因此在期刊发展过程中，先生一直强调理论和应用并存，不可偏废。一定要把地球物理学应用于国民经济发展的主战场，才能不辱使命，快速发展。他还指出任何人投稿到《地球物理学报》都要经过同行评审，院士也不例外。

跟先生在一起有数不完的点点滴滴……2018年8月7日，先生与世长辞，我当时正在国外访问，得知此消息，悲痛万分，急忙赶回北京为先生操劳后事，见他老人家最后一面。转眼先生走了快1年了，希望老人家在天堂依然潇洒快活，愿先生的科学精神永远指引着我们砥砺前行。

忆恩师

——刘光鼎院士

陈　洁

广州海洋地质调查局

他说："爱国就要报国，报国就要急国家所需，祖国的需要就是我的志愿。"刘光鼎院士用一生固守着这份对国家的承诺。

他是科学泰斗，更是民族魂。油气资源、金属矿资源，海洋地质与地球物理、工程地质与地球物理、军事地球物理……国家的需要永远高于一切。恩格斯指出"一个民族要想站在科学的高峰，就要有自己的理论思维"，刘光鼎院士带领他的团队，70 年来不断地探索、创新在祖国需要他的每一个领域。

他是战略家

他从组建中国第一支海洋物探队开始，就一直站在海洋地质地球物理科学的前沿，早就战略性地提出海洋国土和海洋矿产资源问题，首先提出丈量海洋国土，调查海洋资源，建设海洋强国。维护国家海洋主权与权益，主权的背后就是资源问题。海洋地质工作必须以"国家权益、矿产资源、地质环境"为中心。作为一个主权国家，必须要有理、有利、有节地保护自己的海洋权益。从国家战略出发，从大局出发，他先后领导了渤海、北部湾、南黄海和东海的以油气为主的综合地质地球物理调查和研究工作，为海上发现工业油气做出了突出的贡献，即使是在被打成反革命修正主义分子的“文革”年代，他依然强调地质调查必须以国家战略为目标，他的思想始终贯彻在海洋地质调查工作中。他作为联合国海洋法专家委员会成员，始终为国家海洋主权与权益大声疾呼、铮铮直言。

“中国油气二次创业”，是创举，为新时代油气发展指出了方向，并在近年取得了巨大的成效。石油是工业的血液，也是战略物资。一个国家要是没有石油，或者石油紧缺，就是个非常危险的问题。中国油气第一次创业，是潘钟祥先生冲出国外海相生油的樊笼首先提出来的陆相生油的理论，就是这个陆相生油，给中国的石油天然气奠定了基础，成绩是巨大的，1960 年人民日报头版头条，发表了一条消息，叫洋油的时代一去不复返了，我们自己的原油能够自给自足，1959 年开始，我们发现了大庆油田，后来年产 5000 万吨。1963 年，又发现了胜利油田，胜利油田产量最好的时候，达到了 3300 万吨；1965 年又发现了辽河油田，很快达到 2000 万吨。等到 20 世纪六七十年代，就有 1 亿吨的石油产量，等到 20 世纪 80 年代以来，中国的原油年产量已经达到了 1.67 亿吨，占世界第 5 位。但是中国油气第一次创业的所有的勘探目标层位主要集中在新生代，特别是古近系和新近系。这些年来，勘探技术水平不断提高，石油年产量是一直在增加的，但是我们的需求量也在增加，1993 年开始进口原油 3000 万吨。2000 年进口到 7000 万吨。当时预计 2010 年石油缺口要达 1 亿吨以上，而天然气缺口要有 400 亿立方米。目前，国家经济腾飞，国家的安全，急需石油天然气。下一步油气勘探方向在何方？刘光鼎院士结合多年的勘探实践，经过了无数次严密的思考和科学论证后，1997 年，在中国地球物理学会、各大油田等场所一连做了 7 场报告，阐明海相残留盆地的前景，创造性地提出“中国油气二次创业”——向前新生代，向中生代、古生代，甚至于元古代地层找石油和天然气，勘探开发前新生代海相残留盆地的创新性理论。刘光鼎院士是2001年8月17日，通过中国科协给中央写了一个叫作《关于中国油气资源二次创业》的建议，8月27日时任国务院副总理温家宝批示“要重视油气资源战略勘查工作，争取在前新生代海相碳酸盐岩地层中，有新的突破”。中科院、中石化、中石油、中海油都做了积极地回应，中石化首先做出了最强烈的反响。当时中石化副总裁牟书令同志立即作出工作部署：主攻川东北及鄂西-渝东地区……有识之士都预测了中国油气资源二次创业的辉煌将为期不远。在“中国油气二次创业”理论指导下，在东部环渤海地区，已知的61个古潜山油气藏的探明储量，占盆地总探明储量的10.4%，胜利油田自1996年胜海古2井获得高产工业油流以来，先后发现多处古潜山油藏，探明储量1.35亿吨。在塔里木盆地沙雅隆起上发现了亿吨级下古生界奥陶系海相大油田——塔河油田。2003年1月川东北地区的毛坝一井获高产天然气流，日产量33万立方米；2005年2月1日，川东北又传来佳音，普光气田又获高产天然气，探明普光是一个2500亿立方米的特大气田。四川盆地在川东三叠系海相碳酸盐岩分布区发现了一系列鲕滩大型天然气田群，包括罗家寨、七里北、铁山坡、金珠坪等大型气田，使四川盆地天然气勘探进入50年来最好的发展时期。鄂尔多斯盆地靖边地区奥陶系自1989年天然气勘探获得突破后，探明储量不断扩大，截至2004年底累计探明天然气储量2766亿立方米。上述三大盆地海相碳酸盐岩领域探明储量已达11.4亿吨油当量，表明这一领域已成为我国油气勘探的重要领域。

此外，他深感固体矿产资源在国民经济建设中的重要作用。他曾于1998年10月28日又向中央提写了一份建议，标题为《矿产资源是我国可持续发展中的重大问题》，提出要加强对资源新远景预测的基础理论研究，为我国未来社会发展需要，及时组织起资源科学领域的基础研究力量，从战略的高度，尽快探明重要资源的新远景，以便能够做到居安思危。

多年的潜心研究，他提出中国大陆不仅东西分块，而且深部地球物理响应南北分带，中国大陆构造呈现出“三横、两竖、两个三角”的宏观格架，中国大陆金属矿床与油气资源的宏观分布遵循“三横、两竖、两个三角”的基本原则。

“三横”是指天山-阴山-燕山、昆仑-秦岭-大别和南岭三条东西（或近东西向）向展布的构造带；

“两竖”是指大兴安岭-太行山-武陵山梯级带和贺兰山-龙门山两条南北向展布的构造带；

“两个三角”即以昆仑-秦岭为底线，阿尔金山-祁连山所包围的柴达木，顶角指向北方；松潘-甘孜地区，顶角指向南方。

综合研究的成果表明，“三横”所分割的是华北、扬子、华南块体；“两竖”则给出了特提斯域、滨太平洋域及它们之间的过渡带。“三横”基本上为块体边缘结合带，与“两竖”一样，是构造活动最为活跃的地方。

宏观战略意义在于：

（1）在“三横、两竖、两个三角”的结合带上，是构造作用相对强烈的地方，也是断裂作用和岩浆活动集中处，从而也是各种金属矿床赋存处。应该在这些结合带上应用地球物理方法攻深探盲，寻找大矿、富矿。

（2）在“三横、两竖、两个三角”的结合带之间，是沉积盆地所在的地方，应该能够找到石油，是油气勘探的主要研究目标。

科学发展观要求科学家用历史的、动态的观点全面科学地研究问题。他针对中国大陆构造宏观格架“三横、两竖、两个三角”的特点，分析了中国大陆构造形成演化规律。总结中国大陆的发生、发展经历的五幕演化史：

（1）前寒武纪（550Ma 以前）时，在特提斯洋中先后出现华北、扬子、南华、印支、塔里木诸陆核，古地磁资料表明，当时它们大多位于赤道附近，有利于藻类和微体古生物的大量繁衍。

（2）古生代（550～250Ma）期间，上述陆核逐渐发展，先后形成相对稳定的块体，在古生代末期，结合成古中国大陆。当时西部还没有青藏高原，为特提斯洋；东部的古中国大陆在早古生代为陆表海的碳酸盐岩沉积阶段，晚古生代早期海陆过渡阶段而后向内陆河湖沉积阶段发展，夹杂大量煤系地层。

（3）晚三叠世－早白垩世（250～95Ma）期间，由于从南大陆漂移而来的羌塘、冈底斯、印度等地体依次与塔里木碰撞、缝合，不仅出现不同时期特提斯的闭合，使中国大陆遭受严重挤压、改造，而且还形成世界第三极——青藏高原，成为特提斯域。

（4）晚白垩世－中渐新世（95～25Ma）期间，已经在四条南北向转换断层之间形成的太平洋板块向北西转向，俯冲于菲律宾海板块之下，出现马里亚纳沟-弧-盆体系。菲律宾海板块向欧亚板块聚敛，以致在滨太平洋域，即中国东部及海域，应力拉张，地壳减薄，有一系列陆相断陷盆地出现。

（5）晚渐新世（25Ma）以来，板缘俯冲，板内沉降，使这些断陷盆地在沉降中，覆盖了一层陆相沉积。

他创造性地提出中国大陆构造的动力学演化具有“跷跷板”的特征。古生代末期，在中国大陆形成时，中国西部属特提斯洋，还没有青藏高原，当时地壳薄，地势低，而中国东部却地势高，有些地层受剥蚀而缺失。中生代期间，特提斯域的演化形成青藏高原，地壳遭受强烈挤压，厚度增大，地势增高，随后，新生代期间滨太平洋域受到拉张，地壳减薄，地势降低。这样中国大陆就像一台巨大的“跷跷板”，以鄂尔多斯-四川为轴，古生代期间西低东高，中生代以后，西高东低。高低转化，影响到海水的退进，从而在鄂尔多斯-四川东西两侧有古陆边缘的浅海古陆架展布，这是全新的构造演化理论，也是“中国油气二次创业”实施以来以“普光气田”为代表一系列油气巨大发现的创新的理论基础。

中国大陆构造格架动力学演化重要的现实意义：

中国的油气资源除古近系和新近系的陆相油气之外，在下古生界（寒武、奥陶）应有海相油气，在上古生界（石炭、二叠到侏罗）还应有与煤系地层相关的海陆交互相油气。这样，“跷跷板”的动力学演化模型将会给出海陆变迁的过程，指示出寻找前新生代海相、海陆交互相油气资源的空间展布。

他是思想家

古人说，不谋万世者，不足谋一时；不谋全局者，不足谋一域。他谋求的就是中国资源的大战略，谋求的就是海洋强国的大战略。“区域约束局部，深层制约浅层”如出一辙，是地质地球物理研究的工作指南。

区域约束局部，从区域整体出发，认识区域地质现象并找到规律，获得对局部具有指导意义的规律性的认识，并由此来指导油气和金属矿的勘探，据此可以在复杂的情况下分清层次，认清勘探区的全貌，科学地组织集中力量对局部的突破，较快地发现油气田或成矿带。

深层制约浅层，复杂的浅层地质条件是有其深部构造背景的，复杂的深部构造背景必然引起中、上地壳结构上的强烈不均匀性，导致产生复杂的地表地质条件。就沉积盆地而言，古生界形成于前寒武结晶基底之上，之后又叠加了中新生代的构造形迹，其构造格局即受结晶基底的控制又是其后中新生代发展、演化的基础，关注深层对浅层的制约作用，更清晰地了解盆地的概貌、成因及其演化，为油气勘探提供指导原则和思路。

他提出在活动论大陆构造理论的指导下，要研究中国大陆宏观构造格架及其演化史，要按照宏观－中观－微观不同尺度逐步深化的工作方法进行研究。

地球问题要放在太阳系研究，中国的问题要放在全球来思考，全球板块的运动演化规律决定了每一个板块特点及矿藏的分布，宏观是一个相对于目标研究区，包容目标区的更大尺度的分析过程。比如：

宏观——中国大陆、中国海（包括陆相／海相）大地构造及演化，资源分布等。

中观——区域（包括的海域）构造演化，沉积展布，构造格架。

微观——目标研究，构造、地层、岩性圈闭／油气藏／成矿带。

根据矿产资源形成演化特点，具体问题具体分析，而不是生搬硬套。

“实践出真知”，多年的勘探实践，他总结出综合地质地球物理解释的原则，“一、二、三、多”，即：

一种指导：

以活动论构造历史观为指导，对具体盆地作具体分析，努力认识其形成演化过程，求得其时空分布的规律性。

两个环节：

地球物理场是地球内部物理性质的综合反映，携带着丰富的地球内部信息。但充分认识这些信息，则必须紧紧抓住岩石物性这一重要环节，是连接地质与地球物理的纽带。在定性解释基础上，建立物理模型是地球物理资料由定性解释向定量解释过渡的关键。

三项结合：

为了深化地质认识，在解决任何问题的全过程中，都必须使各种地球物理资料与地质资料相结合，使定性解释和定量解释相结合，使正演问题与反演问题相结合，因为这是一个系统工程的不同层次。

多次反馈：

在地球物理采集、处理与解释的系统工程中，必须依靠各种反馈信息来修正补充和完善，努力减少多解性，逐步逼近实际情况，取得比较全面的认识。

这既是我们进行综合地球物理研究的方法学，也是指导资源勘探的实践论，中国大陆构造格架及其演化的研究充分利用中国大陆的地质与地球物理成果，就是综合地球物理解释方法论的具体体现。

多兵种多维立体的军事攻击、防御模式，他最早引入到资源勘探中，即综合勘探，20 世纪 50 年代他作为第一代海洋勘探的领头人确定的重、磁、电、震等联合勘探技术，一直沿用至今，随着勘探的深入，越来越凸显其远见。根据资源勘探的特点，提出第一层次强调地质与地球物理、地球化学等与资源勘探相关的学科相结合，这是解决资源问题的关键。第二层次强调每一学科间的融合。比如油气勘探中地质学研究不能只重视圈闭的研究，应重视从构造地质演化的角度分析海域残留盆地的赋存状态、构造格局，重视海域井筒与露头资料的充分利用，重视区域构造地质研究，以岩石地球物理特性为依据，发挥各种地球物理方法的优势，力争全面客观地分析其构造学、沉积学、石油地质学规律，为油气勘探提供地质学地球物理学依据。第三层次强调发展每一门勘探技术或专业，发挥每一个专业优势和每一种勘探技术优势，以解决资源规律问题为中心，发展专业或勘探技术。层层包容，整体推进技术水平，各个击破每一个具体的资源问题。

他更是实干家

1948 年进入北京大学，至今 60 年的求学、工作生涯，创造无数的奇迹。

他是北京地质学院建校人之一，翻译出版了第一本《地震勘探教程》；2002 年，他鉴于地球物理教育工作缺乏教材，又在中国地质大学（北京），组织并编写地球物理场与地球物理勘探系列教材 7 部；他说地球物理教育是基础，“海洋地球物理概论”的课程他在 2009 年中国地质大学（武汉）、中国地质大学（北京）两所大学开出第一课；他是中国第一支海洋物探队创始人之一，第一任海洋物探队队长；他先后领导了中国海以油气为主的综合地质地球物理调查和研究，为我国陆架海域查明大沉积盆地，发现工业油气流作出了突出的贡献；他主编的《中国海区及邻域地质-地球物理系列图》《中国海区及邻域地质地球物理特征》专著，是迄今为止，唯一、公开而且奠定了我国海洋地质地球物理研究水平的里程碑，无愧为海洋地质之父、海洋地球物理的奠基人，为此也获得了“竺可桢野外工作奖”“李四光地质科学奖”“何梁何利科学与技术进步奖”“国家自然科学二等奖”等殊荣。

他并非军人，但是他一直关注祖国的国防安全，在 2003 年中国地球物理学会年会上提出军事地球物理这一全新概念，利用地球物理学会这一平台，将军事地球物理提上日程，创建了军事地球物理这门新兴学科，中国地球物理学会国家安全地球物理专业委员会已经民政部批准成立。笔者现在承担的国家重点研发计划项目，就是他要支撑海防的一个技术点。

他历任《石油与天然气地质》主编，《海洋地质与第四纪地质》《海洋学报》副主编，《地球物理学报》《地球物理学进展》主编。历任国际大地测量和地球物理联合会中国委员会主席、中国地球物理学会理事长、中国海洋学会副理事长、中国地质学会石油专业委员会主任。

他是官员，从第一任中国海洋物探队队长，到地质矿产部海洋地质司副司长、地质矿产部石油地质海洋地质局副局长、中国科学院地球物理所所长，他是一名精通专业、豁达识才的好官。他是科学家，1980 年当选中国科学院学部委员（院士），1993 年当选第三世界科学院院士，1995 年任联合国海洋法专家委员会成员，1997 年韩国公州大学授予（彼得堡赫尔芩大学）名誉博士学位。“六五”期间主持国家攻关项目“南方碳酸盐岩油气普查及中国天然气普查”，“七五”期间主持国家攻关项目“寻找大油气田的理论与方法技术研究”“东海油气勘查”，“八五”期间为国家自然科学基金重大项目“陆相薄互层油储地球物理的理论与方法研究”项目负责人，攀登计划 B-34“寻找大型隐伏矿床的新战略、新技术、新方法”首席科学家，中国科学院重大项目“环渤海（湾）地区前新生代海相油气资源研究”首席顾问，科技部、国家发改委、财政部三部委聘请的国家中长期科学和技术发展规划纲要（2006－2020）大型油气田及煤成气开发重大专项实施方案论证委员会主任委员……他是一名具有战略眼光、运筹帷幄高超组织才能、学识渊博的大科学家，他站在前沿，始终把握着发展方向。

他就是刘光鼎院士，我们的长者、智者，我们的“大侠”。

我的恩师。

遇见先生

王君恒

中国地质大学（北京）

一直以为先生还在，回首间，先生离开我们一个月，两个月……已近一年。悲痛还没消退，每当想起会泪眼朦胧，先生伟岸的身影、慈祥的模样就会浮现眼前。

与先生相遇在2000年，当时博士毕业，申请到中科院地球物理研究所做博士后，博士导师管志宁老师向先生推荐了我。当时在办公室相见，忽然间先生是那么的和蔼可亲，自己感觉能够读懂先生似的，冥冥之中，此生遇到先生、受先生的教诲是幸运和必然。从此开始与先生交往，受先生恩泽十八年。

过了三年博士后出站，先生说你去地质大学吧，地大缺少有产学研经验的老师，你在那里可以发挥较好的作用。于是在先生任院长的地质大学与先生为伴，从来没有当老师思想准备的我，发现自己看书、备课、搞科研、站在讲台上与学生互动，进步飞快，得心应手。跟着先生学喝酒，本来一口脸红一喝就醉的我，如今也能浩气冲天、酒量大增，是不是好酒一闻便知。陪着先生出差，飞机上忙碌环顾间，先生已经抱着武侠小说入了迷，至今都令我感到惊奇新鲜……

十八年间最佩服的还是先生的情怀，心系国家，工作不停创新不止。要知这时的先生已经不年轻，二次创业，三海战略，区域约束局部、深部制约浅层却是这个时期的成果。转眼到了2018年夏天，逝世前两个多月，还出版了《地球物理通论》，为其主编的系列教材，填上了最重的一根梁柱。

遇到先生是一生的幸运，聆听先生的教导心中充满喜乐，先生走了就变成了永远的想念。想起先生就会想起老家山东，泰山莽莽，黄河泱泱，先生风骨，山高水长。

呜呼先生！您若在该多好！

图1　与先生合影留念

忆先生三五言

许　江

自然资源部第三海洋研究所

2006年初夏的一个下午，我在北京出差，厚厚的云层压得人喘不过气来。之前拟报考先生的博士生，经王家映老师引荐，我来到科技宾馆与正在参加会议的先生见面。会议休息间隙，在会议室外一小小的方桌旁，先生让我一起坐了下来。

“你在哪个单位工作？”先生问道。

“国家海洋局第三海洋研究所，在厦门”我缓缓地答道。

“没听说你们单位有海洋地球物理方向啊？”先生质疑道。

“以前没有，以后就有了。”我有些忐忑。

“你是学什么专业的？”先生沉默了片刻又问道。

“我是学地质的，地球物理基础比较薄弱。”我战战兢兢轻声说道，声音轻的只有自己听得见。

“一张白纸好作画！”先生的话让我震荡不已，无以言表。

“就这样吧！”先生一边说着一边从衣服口袋中拿出一张红色纸片，“晚上我不在这吃饭了，你拿着吧。”我站起身双手接过这张小小的餐券，仿佛捧着一张沉甸甸的录取通知书，竟然连声谢谢都忘记说了。

一晃十多年过去，这短短的几分钟见面恍如昨日，“一张白纸好作画！”余音犹在耳畔，那一声谢谢却再也没有机会说出口。

我 2006～2010 年在中国地质大学地球物理与空间信息学院攻

读地球物理工程博士，师从刘光鼎先生。学习先生的思想，学习地球物理方法和技术，任自然资源部第三海洋研究所海洋与海岸地质实验室主任，兼任全国海洋标准化技术委员会海洋工程勘察与测绘分技术委员会委员、中国地球物理学会海洋地球物理专业委员会委员、海洋工程学会理事、厦门市地震学会理事。主要从事海洋地质地球物理调查研究及海洋工程勘察工作。

小文寄语我的恩师，无限的怀念都赋文中。

侠之大者真性情
——追思刘光鼎先生

王清晨

中国科学院地质与地球物理研究所

（一）

我是1997年初次见到刘光鼎先生的。

刘先生留给我的第一印象是，国字脸，宽额头，头发花白，脸颊微胖，一副浅茶色眼镜后闪烁着睿智的双眸，嘴角微锁，不苟言笑，眉宇间透着威严。

那时，刘光鼎先生任国际岩石圈科学委员会（SCL）中国全国委员会主席团成员，孙枢先生刚刚荣任国际岩石圈科学委员会执行局委员。当时超高压变质作用研究在国际上方兴未艾，而我国的大别山-苏鲁超高压变质带又是国际瞩目的热点地区。孙枢先生和刘光鼎先生商议，希望能联合中国科学院地质研究所和中国科学院地球物理研究所的力量，一起做些前瞻性研究。他们向中国科学院提议，设立一个重大项目，把超高压变质作用作为切入点，研究我国的岩石圈演化问题。于是，我和朱日祥就做起了两位先生的联络员，协助先生们负责中国科学院重大项目“中国大陆岩石圈构造及其地球动力学背景研究（KZ951-A1-401）”的组织和实施。

从那时起，我有幸经常接触到刘先生，逐渐和先生熟悉起来，除了向先生汇报工作，还常聊起学术之外的话题。先生是大牌儿科学家，但在繁忙的科研工作之余，喜欢读武侠小说，坚持练太极拳，精通诗词书法，这些都成为我们聊天的内容。先生丝毫没有架子，总把我们这些年轻人当成好朋友，常招呼我们一起畅饮。先生曾有诗（《归去》，1997，见《渔樵之歌——刘光鼎诗词选集》，下同）讲到自己的业余生活：

归去

晨迎朝阳练太极，昼作书法益情趣，
蓬扉曲径待客来，醪酒三杯话友谊。

（二）

认识先生之前只听说先生有“大侠”的称号，和先生相处时间久了，才深切地体会到，先生堪称侠之大者真性情。

记得中央电视台“东方之子”专栏节目曾在1999年采访过先生。先生案头堆放着几本金庸的武侠小说，镜头中只见先生拈起一本《笑傲江湖》，声似洪钟般念了一段令狐冲的话，大意是说，人生在世当畅情快意，如果酒也不能喝，女人也不能想，人家欺负到头上也不能还手，还作什么人？不如去死了爽快！ 当年5月7日，以美国为首的北约悍然用导弹袭击了我国驻南斯拉夫大使馆。新闻播出后，先生当即拍案而起，在央视节目中义愤填膺地谴责这一强盗行径！在我的脑海里，这两组镜头始终联系在一起，彰显了先生性格豪爽、爱憎分明的真性情。先生给自己的评价也是这样，说自己是“重情仗义三杯酒，直言豪语嫉恶仇”（《自题》，1996）。

先生爱读武侠小说，尤其喜爱金庸的作品，他看重金庸笔下匪夷所思的遐想，以及侠客们不受世俗礼法约束、超乎常规、极富创意的行为。先生曾说，金庸的作品体现了一种创新精神。一个民族应该有创新精神，科学研究更需要创新精神。在我看来，与其说先生喜欢金庸笔下的侠客，不如说是金庸笔下的侠客在先生心中有强烈的共鸣，因为先生自己就是一位极富创新精神的大侠。

“侠之大者，为国为民。”先生 1929 年生于山东蓬莱，1940 年日军攻占蓬莱后对抗日家属施行迫害，逮捕其大哥刘光斗，其母受迫自杀，先生本人则寄居于表伯家，幼小的心灵中便孕育了抗侮强国的理想。1948 年，先生考入北京大学物理系，同年加入中国共产党。先生学习物理学本意是想毕业后搞原子弹强国。大学三年级时，先生到陕北参加地球物理实习，随刚刚成立的新中国第一个地震队学习反射地震勘探测量原理和方法。中国石油地质界先驱——陈贲先生启发这批实习生说，国家要发展不能没有石油。石油如果不掌握在自己手里，国家就不能强大。这一席话改变了先生的人生轨迹。先生毅然决定，要以国家需求为己任，投身石油勘探事业，用自己的物理学知识报效祖国。在毕业后的几十年间，先生组织和实施了一系列海洋地质调查和油气勘探国家重大计划，取得了辉煌的成就，被誉为“中国海洋地质之父”。

1997 年 6 月，国家科技领导小组第三次会议决定，要制定和实施面向国家重大需求的“国家重点基础研究发展规划”，这就是后来简称的“973 计划”。先生高瞻远瞩，组织我们针对我国石油天然气供需缺口不断扩大的严峻形势，联合石油大学开展“中国典型叠合盆地油气形成富集与分布预测”研究。1999 年，科技部批准了我们的项目，我和石油大学金之钧教授被科技部聘为首席科学家，先生亲任专家组组长，对项目的实施进行指导。2001 年 8 月，先生上书国务院，进一步提出“中国油气资源第二次创业”的建议。时任国务院副总理温家宝批示，“要重视油气资源战略勘查工作，争取在前新生代海相碳酸盐岩地层中有新的突破”。这一“油气二次创业”战略规划有效指导和推动了我国海相油气勘探开发的重大突破。

在功绩面前，先生从不自诩，更不故步自封。先生曾借用李白古诗之题，写下《侠客行》(2007) 以言志：“青春横剑驯大海，白发扶杖走千山。寻油觅气一杯酒，风吹雨打铸魂来。”之后，先生又站在战略高度提出，寻找油气资源一定要海相、海上和海外并重。先生称之为“三海战略”。先生说，“三海战略”若得以实施，他就可以安心退休了。

（三）

在和先生闲聊时，偶然提到家父也在练太极拳，先生很是高兴，立即赠给我一本书，我接过一看，原来是先生刚刚出版的大作——《太极拳术——理论与实践》(科学出版社，1998)。读后方知，先生不仅是地球物理学界的泰斗，而且在太极拳术上也有很高的造诣。

先生自幼随其大哥刘光斗学习太极拳，后又随其堂兄刘晚苍学习太极推手。20 世纪 60 年代后期，专心在地球物理学领域攻坚的先生“突然从繁忙的工作中得到解脱”，他以太极之法化解运动对自己的冲击，整理了自己对太极拳术的学习体会，归纳了太极拳架和推手的动作要领，并对太极拳法进行了探讨。他和堂兄刘晚苍研讨后，把手稿定名为《太极拳架与推手》，1980 年由上海教育出版社出版，印刷 4 万余册，两周即告脱销。1983 年再版，印数达 33 万册，未几又复售尽。1998 年，先生对该书进行了修订，成为现在我手中的这本《太极拳术——理论与实践》。书中刻意增写了“力学基础”一章，用力学原理分析太极拳术，提出“太极拳术是一种平衡运动”，指出“虚实开合是取得全身动态平衡的重要环节”，并从惯性定律角度解释了“四两拨千斤”，指出太极拳术的发人之法是“根据对方所施之力，或使其落空，或顺其力而增加其运动，或者略施小力而使其受到大力的作用，以致对方身体失去平衡”。

我虽懂得书中的这些物理学原理，对太极拳却所知甚少，于是就把先生的大作转送给家父。家父读后，大为赞赏，并告诉我，这位刘光斗先生在河北邢台一带小有名气，是吴氏太极第二代传人王茂斋的弟子，与吴式太极拳第三代传人杨禹廷为同门师兄弟；这位刘晚苍先生同样赫赫有名，是王茂斋的再传弟子，北京市吴氏太极拳研究会成立后被推选为第一任会长。听了家父的话，我才意识到，先生的太极拳术不仅造诣非凡，而且有家学渊源。家父曾让我代他转达对先生的问候。遗憾的是，家父过世较早，未及向先生请教太极拳术、切磋诗词。

（四）

说到先生的诗词书法，更使我浮想联翩。我的书架上就有一本先生馈赠的《渔樵之歌——刘光鼎诗词选集》（同济大学出版社，2008）（图 1），办公室里挂着先生的两幅墨宝，一幅是录刘禹锡的“陋室铭”（图 2），另一幅是应我请求所写的，“闲逸邀王质，驰劳请杜康”（图 3），隐喻我闲时喜好对弈，忙时不忘饮酒。先生赠我墨宝，多半也是因为喜欢我常去蹭他的酒喝。当然，在先生面前，我的酒只有小学生水平，而先生是鼎鼎有名的酒仙。先生最推崇酒仙李白，他的办公室里挂着“李白斗酒诗百篇”条幅，一手帅气的行楷，笔锋中正，风骨苍劲，那是先生亲笔题写的。

和太极拳家学一样，“酒仙”的称号在先生家也有“传承”。先生的父亲名刘本钊，1929 年受青岛大学校长杨振声之邀，从北京赴青岛，随后被推选为青岛大学训育委员会委员。校长杨振声性格豪爽，工作之余常邀请刘本钊、闻一多、梁实秋、赵太侔、陈季超、黄际遇和方令孺等一起宴饮。史料记载，有一次闻一多在席间饮得兴起，大呼：“我们是酒中八仙！”于是，在青岛大学校史上留下了“酒中八仙”的美誉。先生曾说，他有两位酒友，是朱夏先生和业治铮先生。先生说，自己好酒是受了他二人的影响，不过，三人的酒量却难分伯仲，都在一瓶之上。先生等三人志同道合，分别在地球物理学、构造地质学和沉积地质学领域为中国海洋地质学的发展做出了不朽的贡献，1980 年同时当选中国科学院学部委员（后改称院士）。他们在海洋地质学界并称三大“酒仙”。朱夏先生在《恭祝石樵兄六十华诞》诗中有句云，“我愧尘凡沦永谪，甘为旧侣醉新醅”。他们在学术之外的“酒仙”之谊由此可窥一斑。

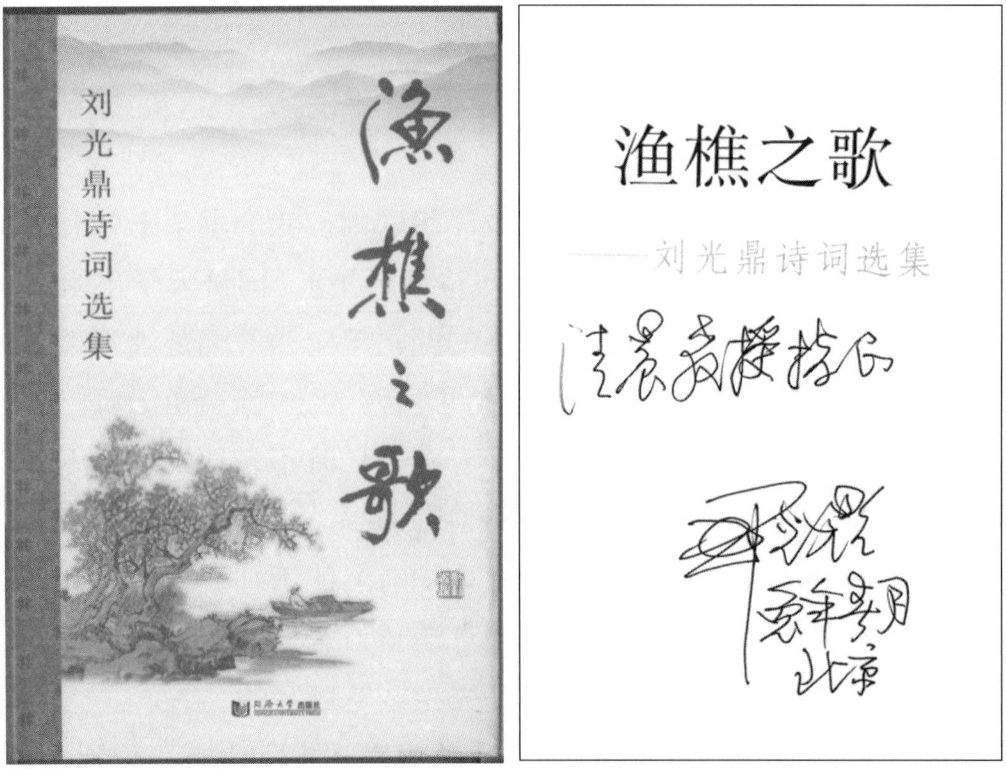

图 1　刘光鼎先生赠书及扉页题字

“酒”在先生的诗词中是出现频率很高的关键词。先生愁也有酒，乐也有酒，须臾不可无酒。“文革”中，先生被定为“白专”典型，不得已卖掉自己精心收藏的书籍。痛心之际，用卖书的钱买酒和朋友“痛饮一顿”，写下了血泪诗句：“秦皇焚书坑儒家，千卷精品售小贾。呼朋唤友大碗酒，不当秀才充游侠”(《卖书》，1970 年)。“文革”后，先生得以重返海洋油气勘探事业，欣喜之际写下诗句，“待故人聚会，饮大杯老窖”(《忆少年》，1982)。1982 年 8 月，东海“龙二井”喜获天然气流，先生即兴填词，曰“忽闻胡茄破晴空，八尺焰火映琼宇。浮大白，唱金缕”(《贺新郎》，1982)。词中翻新了宋代词人张元干的“举大白，听金缕”句。大白是古代的酒杯，浮则是斟满杯，“金缕曲”是“贺新郎”词牌的别名，用一个“浮”字、一个“唱”字，把先生对东海天然气重大发现的喜悦激情吐露无遗。

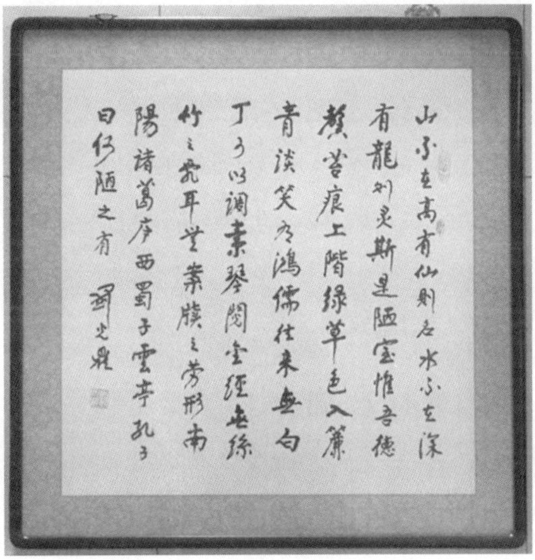

图 2　刘光鼎先生墨宝之一

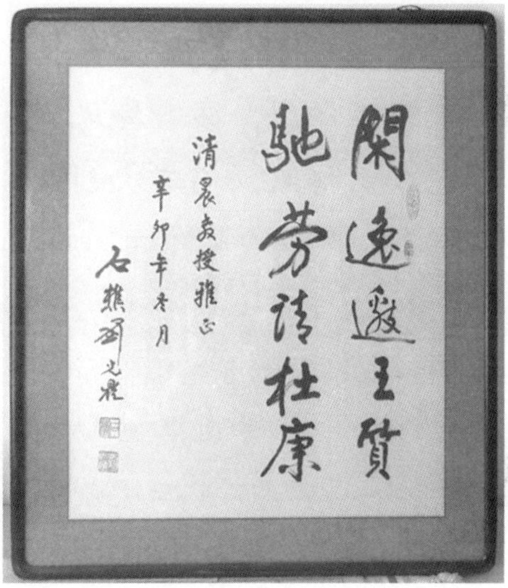

图 3　刘光鼎先生墨宝之二

(五)

先生原在地质矿产部工作，1989 年奉调赴中国科学院地球物理研究所任所长。他呕心沥血，“以一人之力挽狂澜扶大厦，令全所重现生机”(万钢，2008，《读〈渔樵之歌〉致刘光鼎先生》)。先生在卸任之际写下《诉衷情》(1993) 一词：

“忆四载风雨历程，深夜伴孤灯，一任涛惊浪涌，铸丹心长青。

燕然勒，功名就，两鬓秋，从此应是，笑傲江湖，三杯醪酒。”

我喜欢这首词，把先生的毅力、胸怀、侠气、豪情抒发得淋漓尽致。与先生相处，总觉得像是身处绿色的原野，时时感受到清新的空气和无垠的阳光。先生虽然已经离开了我们，但我永远怀念和先生在一起的日子。

先生过世后，我曾写下两幅挽联，今录于此，以寄托对先生的哀思：

挽联一

勘万米洋底，察四海风云，足踏碧涛绘宏图，酌三杯醪酒；
论千山格架，倡二次创业，手舞油龙唱金缕，献一寸丹心。

挽联二

亲赴四海勘察，绘宏图在手终圆梦；
建言二次创业，引油龙飞天可笑眠。

追忆刘光鼎先生点滴

吴时国

中国科学院深海科学与工程研究所

落雪成白，岁月无声，转眼间，刘光鼎先生离开我们已经快一年了。先生磊落生平、畅意人生，作为其学生，每每回忆起先生的点滴，我都是由衷地敬仰。我同刘先生的师生之情，始于我从日本归国之后，虽然只有十八年的时光，但却指引着我的人生。现在先生离我们而去了，但先生的谆谆教诲仿佛还在昨天，其对科学的孜孜追求依然引领着我们后来人，兹通过回忆与先生的点滴往事表达我对先生的深切缅怀和追念。

喜结师生情谊

2000 年 9 月，我受聘中国科学院海洋研究所海底构造与地球物理研究组责任研究员，开始与先生有了交集。先生成名很早，中国海域最早的地震探测始于渤海，1958 年冬，中国科学院、地质部、石油部、北京地质学院，在天津塘沽成立中国第一支海洋地震队，利用海军的登陆舰“桐柏山”号作为工作船。刘光鼎先生作为领导之一开创了我国海域地震探测。2000 年，怀着十分敬仰的心情，我来到胜利油田物探研究院，十分荣幸进入了胜利油田博士后工作站工作，刘光鼎老师恰好是我的博士后导师。接受先生的教导，不仅我自己受益匪浅，当时所带的研究生们，如郭军华、徐宁、余朝华、董冬冬、张荣华等，也受益良多。高兴之情，溢于言表，我们紧随先生的脚步，勇于攀爬科学的高峰，在先生的悉心指导下，奠定了课题组对海洋地球物理前沿科学的攻关基础，在这里也深刻体会了滩浅海地震探测的艰辛和深层潜山碳酸盐岩油气藏攻坚的不易。

中科院海洋所海底构造与地球物理学科组，是金翔龙院士初创的，我们研究工作得到刘光鼎先生的大力支持和很多指导，大家十分珍惜和刘先生结下的深刻师生情谊。从渤海之滨的早期地震探测，到太平洋深处的地球物理调查，都少不了先生的指导和关怀。这些年来，在与先生的交往中，我们深刻感受到先生的家国情怀和侠客性格，先生的豪迈之心、豁达胸襟，深深烙在我和我的学生的心中。饮水思源，我们在海洋地球物理探测的点滴成绩与先生的谆谆教诲分不开，也铭记着先生为海洋地球物理发展倾注的汗水与心血。

沐浴恩师教诲

自从我有幸成为先生的学生，便积极参加了先生倡导的三海（海相、海域和海外）项目研究。2000～2011 年，我参加了李家彪院士为首席科学家的中国边缘海和南海大陆边缘两期“973”项目的研究工作。2009 年，又有幸参加了朱伟林教授的深水油气“973”项目。这几个项目，先生均作为项目指导专家，亲自给予我们很多指点。2006 年起，海洋所成立“中国科学院海洋地质与环境重点实验室”，先生又成为学术委员会主任。每年召开多个会议，我又有了更多向先生求教的近水楼台之便利。

记得 2009 年，为了鼓励和肯定我们课题组在深水油气“973”立项上的努力，我们被授权主办项目启动会议。深水油气“973”项目启动会议在青岛东海饭店举行，先生应邀发表了热情洋溢的讲话，表达了对我国深海科学和油气资源的关切之心，也肯定了我们对深海资源的探索。2014 年，为了满足中国科学院大学研究生海洋地球物理课程和学科组继续教育的需要，我和张健教授撰写了《海底构造与地球物理学》，并请先生作序，先生欣然应允，得赠七言诗一首：大海扬帆天地阔，云海荡漾好唱歌，水溅日辉彩虹桥，御龙起舞伴清波，我欲踏浪游碧海，须乘白鹤云中来，青龙引路出水宫，孔雀彩屏迎客来。先生逸兴挥毫，不拘一格，人生如此豪迈，诗词之中浓缩了其波澜壮阔的一生。

后来参与先生陆海编图项目，由陆及海，倍感先生提出的“三横、两竖、两个三角”构造理论的博大精深。我们在开展西太平洋岩石圈构造研究中，把西太平洋俯冲与中国大陆构造结合，就是深受先生理论的启发，对指引我在海底构造和海洋地球物理探测事业上的成长起到了关键作用，也让我们在大陆边缘海构造研究中取得了一些创新性成果。

未尽天涯相约

2014 年年底，我调动到海南三亚市中国科学院深海科学与工程研究所工作。深海所，毗邻南海，是我国最靠近深海的地方。先生大力赞扬，勉励我关注南海的主权和油气开发，我也有机会更好地拓展南海岛礁、深水油气和水合物探测技术和理论研究。先生高瞻远瞩，在科学研究上给予我们很多前瞻性指导，为加快我国南海资源勘探开发提出了很多宝贵意见。先生的真知灼见，让我们研究人员受益匪浅。先生对国家的贡献不仅限于科研，每每谈及南海中南部传统疆域内油气被周边国家疯狂掠夺的现状时，先生无不为国家主权和海洋权益而奔走呐喊！

回顾成为先生学生的十八年时光，犹如昨天，至今仍历历在目。我深感先生的博学儒雅，对国家是那样的热爱、忠贞，对学生是那样的关心、又平易近人。至今仍遗憾他未能莅临深海所指导，但他勉励我们的题词一直珍藏在我们深海所海洋地球物理与资源研究室中。

感念先生的教诲之恩，也深感时代责任的重担。先生已故，但精神长存。我们要以先生为楷模，践行其志，破浪前行，为国家的发展贡献自己的微薄之力，以不负先生的指导和教诲。先生喜欢诗词，今特为先生赋诗一首，以缅怀先生的卓越功绩：

担大任侠情不减，搏激流碧海扬帆。
山河古今谁人定，一举成图揭石缘。
桃李成林白鹤去，牧马海上风悲怨。
为国自励争前行，无愧先师扭坤乾。

侠风忠骨

——忆刘光鼎先生

高　平

自然资源部科技发展司

刘光鼎先生仙逝已数月，每每念起他，耳畔总是回响着“高平同志好，我是小刘”“冒号你好，我是小刘!”洪钟般的嗓音，诙谐亲切的称谓，一下把我拉回到与先生相识相知的精彩瞬间，与先生一起奋战海洋“863”的峥嵘岁月……

冒号的由来

20 世纪 90 年代我一到地矿部科技司技术处工作，就时常听到先生的大名，大多是这样提及的:“要是刘光鼎在，这事儿早就……”“要是让刘光鼎知道了，还不得拍桌子……”当然，对当时我等小辈儿来说，刘先生只是神一般的存在，是绝不可越过的地球物理权威、是秉持正义的化身。

大约是 1994 年底、1995 年初，国家为支持基础研究，科技部在攀登计划 A 之后，又推出了工程与技术科学重大基础性研究项目，简称攀登计划 B。这一计划围绕经济建设急需，鼓励发挥我国自然资源优势，在有望获得重大经济或社会效益的工程技术领域进行开拓性研究。计划一经颁布，引起了地学界两大风云人物的密切关注，一位是勘查地球化学家谢学锦院士，另一位就是地球物理学家刘光鼎院士，他们不约而同地都把研究方向聚焦在突破隐伏矿科技难题上，分别组织了强大的攻关团队，向科技部递交了建议书。时任基础司项目处的邵立勤处长读过两个本子，先是欣喜，赞叹两个本子挑战目标实属国家急需、国际难题，技术关键研发路径清晰。继而又犯了愁，毕竟经费有限，领域众多，同一方向支持两个项目难以过关。于是，他非常“智慧地”把难处向地矿部、中科院摊牌，并建议两家协商，如果形成一个本子，全力支持！作为技术处负责地球化学科研方向的小公务员，我受命陪同谢先生，经历了两个余月的“谈判”，目睹了两位学界大师思想、人格的精彩碰撞……其间，刘先生总算把我从高个儿小丫头，调整到有点沟通协调能力的“高平同志”层次。

1996 年，“863”计划新增海洋领域，海洋资源勘探开发技术主题（820）首届专家组由苏纪兰院士、刘光鼎院士、何继善院士等八位专家组成。因科技部社发司借我去兼做主题办公室主任工作，于是，我与刘先生的缘分又从探寻隐伏矿，延伸到辽阔的海域，海洋地球物理、海底地形地貌等重大技术挑战。创建伊始，主题方向谋划和任务研选工作繁重，常常陪先生们一起调研、加班，听他们的战略宏论、焦点争论，甚为受益。作为小小办公室主任的我，有时也不得不打岔圆场，让紧张的讨论缓和一下，让繁忙的旅行有片刻放松。每每到这当口儿，刘先生总是很大气地说：“高平同志都发话了，听冒号的。”于是他会很潇洒地起身，和大家谈天说地，让严肃的气氛即刻化为晴空万里。当年，牛群有个著名的相声《巧立名目》，最经典的一句话是：“领导，冒号！”刘先生经常调侃说：“你就是我的冒号呀，怎么也逃不出你的手心儿……”可是先生，我这个“冒号”最最遗憾的是，没能在您卧于病榻之际，再见一面，聊聊咱们的攀登计划 B、820，听听您洪亮、爽朗的笑声。

风云际会

当年，国家攀登计划 B 95-34 项目“找寻难识别的大矿、富矿的新战略、新方法、新技术基础性研究”， 有三个表面特点：项目名称长度次长，谢学锦、刘光鼎两位先生并列首席科学家，地质矿产部、中国科学院两个部门联合申报。这是地球物理、地球化学两大学科领袖首次共领基础研究最高层级科研项目令牌，从物理场、物质场两个角度联合发起勘探隐伏金属大矿、富矿的前沿技术攻坚战，这更是开创了我国现代地质学综合找矿突破的先河。然而，这一跨世纪的应用基础研究项目阵营是“打”出来的。

准备立项报告是个艰苦的过程，地矿部、中科院两部门鼎力支持，两位先生带领众弟子各拿出看家本领，地球物理摆出了十八般兵器，欲用重磁电震放等多种手段揭露深埋大矿的伪装。地球化学也开列出 76 种元素，誓言全面覆盖锁定有矿靶区，按迹寻源，让大矿、富矿无处遁形。

大约在 1995 年的早春，发生了最精彩的一幕，我有幸作为两个见证人之一，亲眼领略了刘先生的大侠风范。在紧锣密鼓的项目前期准备之后，两位大师决定单独会面，敲定项目组织等关键事项。按双方约定，各自可安排一人陪同会面。

这天早晨，我陪同谢学锦先生来到中科院地球物理所大院，刘先生健硕的身影已出现在办公楼门口，握手、寒暄、上楼、落座，两位先生微笑相敬、风度款款，丝毫没有战斗的迹象，犹如外交礼仪般。既然到刘先生的地盘会面，自然由谢先生先讲，谢先生表情温和，用他那淡定语气，清晰表达了一个中心思想，愿意两家联合共同实施项目，一切都好谈，但必须按他提出的“迅速掌握全局、逐步缩小靶区”的研究思路实施，才能真正突破找大矿、富矿的目标。刘先生应该是迅速掌握了谢先生谈判思路的全局，表情凝重，用缓慢而严肃的语气言道，您的父辈是我非常尊敬的地质学家，遵循地质构造规律找到了大庆油田，我们也应按地质规律部署技术路线。谢先生并未迎合刘先生尊重父亲的谈话方式，风轻云淡地说，那都是过去了，现在的地球化学已经可以揭示我们没认识到的地质规律和富矿信息，而地质，甚至地球物理都做不到。此言一落地，刘先生腾地站了起来，用他那宽厚的手掌猛击桌子，惊得桌上的茶杯瑟瑟抖动，我也几乎停止了呼吸，先生洪钟般的嗓音怒吼道："谢家荣先生是我最尊敬的地质学家，你竟敢藐视，你这是数典忘祖！"坏了！谈判气氛升级到剑拔弩张的地步，我心想完了，前期的努力可能白费，再下一步就是刘先生的逐客令了吧？

但见谢先生不愠不火，笑着拉着刘先生坐下，言道："我很敬重我的父亲，他是毕生追求创新的人，遗憾的是他没看到现在物探、化探的进步。我们的合作，就是要蹚出一条找隐伏大矿、富矿的新路子来，这是传统地质学做不到的，在这一点上，我们应该有许多共同语言。"刘先生闻听此言，暴怒的脸色已经缓和下来，他曾经多少次用地球物理方法揭开了陆上、海底地质盲区，何尝不想在找隐伏矿上再冲击一把呢？谢先生继续说，我刚才只是谈全局尺度化探的优势，缩小靶区后，就是物探的优势了，在这方面你是专家。刘先生自然地接过了话茬，阐述了他对物探部署的考虑。就这样，气氛一下子暴雨转多云了！两位先生越谈越融洽，基本敲定了项目思路和任务格局，最后甚至论起了兄弟，刘先生说你比我年长，应当称你为兄，两个首席我赞同，你排前，其他的，先生指指我，让他们去弄吧，咱们就不操心啦。谢先生爽快地应承着，两位先生谈笑风生地话别，一场地球物理、地球化学大师的风云际会完美收官！事后，刘先生经常调侃说，高平同志最了解我，她见过我最真实的面目，指的就是这一幕。

海权之怒

图 1 的这张照片大约是 1997 年拍的，照片上的刘先生，春风满面、笑容灿烂、精神抖擞，那是刘先生作为首届“863”海洋领域 820 主题专家组成员正在去南海钻井平台考察的直升机上，那时的刘先生终于以这样的身份回到他创立并熟悉的海洋资源高科技领域，替国家策划、描绘海洋高技术发展蓝图，他非常开心、充满激情，对专家组工作极其投入。

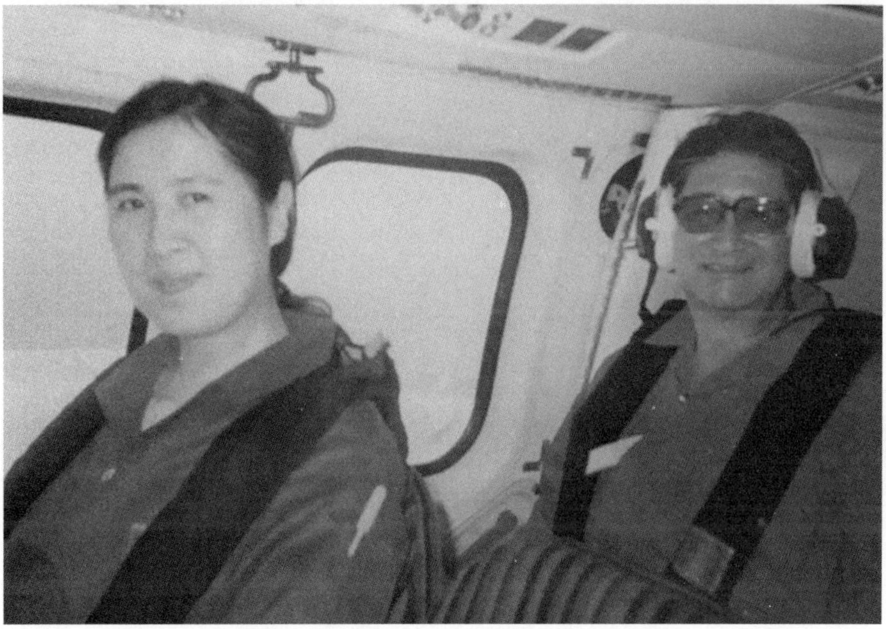

图 1　作者与刘先生在前往南海钻井平台考察的直升机上

海洋领域是“863”计划最晚启动的技术领域，“九五”期间海洋资源勘探开发高技术处于研究基础薄、需求旺、空白多，关键技术装备基本靠进口的状态。站在国家发展战略高度，把握好海洋资源高技术突破口，制订高技术发展顶层规划是当时的主题专家组八位专家面临的首要任务。在众多关于海洋地质、矿产、油气调查开发需求中，刘先生力主高举维护海洋主权权益旗帜，优先突破海底地质高精度调查、油气盆地勘探高技术难关，直接服务于海域划界、能源安全国家战略。第一届专家组怀着为国家海洋发展战略高度负责的精神，慎重决策了“海洋国土探查与资源评价技术”、“海上大气田探测技术”等高技术方向，率先支持海底地形地貌与地质构造探测技术、海上中深层高分辨率地震勘探、海底多波地震勘探等项目，拉开了海洋资源高技术攻坚战的序幕。

图 2　“九五 863”期间作者与先生等合影

在研讨过程中，刘先生多次情绪激动，甚至义愤填膺，历数我国海洋划界中的技术资料缺失的危机，痛陈当时维护海洋权益战线的弊端。每每当他慷慨激昂、用力挥着手讲话时，我都会联想到怒发冲冠、壮志雄心、共和国脊梁等英雄气概的词汇，先生在我心目中的形象愈发高大、魁伟，为捍卫主权而怒，为维护权益而忧，为高技术自主而担当，才是名副其实的国家战略科技专家的品质和作为！

图3 “九五863”期间刘光鼎先生及项目专家合影

在专家组支持下,海洋高技术首次探明东海冲绳海槽地质特征,探得东海深层油气盆地基底,证实南海中深层存在巨大的天然气资源,揭示了南海陆坡似海底反射层与天然气水合物关联证据……过去二十多年了,但与刘先生共事的日子仍历历在目,每当翻阅到那时的老照片,先生的朗朗笑声、洒脱身姿仿佛立即从照片中荡漾出来、浮现眼前、回绕耳畔……这大概就是永生吧?刘先生,您已永远活在了我心里!

图 4　项目进行期间作者与先生合影

渤海湾上那颗点燃了中国海洋石油地球物理勘探的火种

——缅怀地球物理学家刘光鼎院士

孙春岩

中国地质大学（北京）

2018 年 8 月 7 日那天我在德国的科隆，突然传来先生离世的噩耗，霎时间惊愕万分，真的不敢相信几个月前曾经与我有过促膝交谈的先生竟这么突然离去，而此时我又无法赶去送别，愧疚和心痛使得我难以自拔，泪水顺着脸颊静静地流淌……我只能默默地对着那庄严肃穆科隆大教堂畔奔向远方的莱茵河水，送去我对先生的无限感激和怀念！

我虽然不是先生的嫡系弟子，但是在成长的路途中却享受着学生般的待遇：先生认为我有错误时，声严色厉绝不留情；见到我做事不妥时，坦率相告指点迷津；在我做得好时，不吝言辞赞赏鼓励；在我最困难的时刻出手相助，通过多种方式送来亲人般的关怀和长辈的惦念！给了我温暖和力量，激励我勇敢前行！对于我来说先生犹如水泊梁山的“及时雨”和“拔刀相助”的好汉！从先生身上我既领略了中国顶尖地球物理学家的高屋建瓴渊博学识，又感受到了平易近人的“大侠”风范！虽然漫长路途中曾有过误会波折，但是最终我从心底感受到先生从来就没有把我当外人看待，体验到了大师的豪爽侠气、坦率真诚、慈祥可亲的美德，这在今天的学术界中绝对是独树一帜，后无来者！

作为一个极其平凡的人，今生能够遇到先生不得不说是极大的荣幸和缘分！对于先生的离去我感到无比心痛！今后只有继续做一个正直、坦率、真诚的人！生命不止奋斗不息！才能回报先生的教诲和知遇之恩！

说起初识刘先生的过程已经是很久以前的事情了。20 世纪 70 年代后期，我从长春地质学院石油物探专业毕业分配到了地矿部上海海洋地质调查局第一海洋地质调查大队综合研究队，去了才知道“一海”的前身是地矿部第五物探大队，为了东海、黄海的石油勘探“文化大革命”期间全建制由塘沽迁沪。我们当时的领导和师傅多为德才兼备的留苏生和国内地质院校毕业的专家，也有一些是早年直接招收到地质队的上海青年，作为下属他们在塘沽均有过与先生同甘共苦奋战海上的工作经历，其中，鲁维彦、许薇玲、张怡志、苏慧英这四位女将和赵金海、殷培龄等，都是后来为我国东海石油勘探突破做出过巨大贡献的功臣，也是刘光鼎先生 1992 年完成《中国海区及邻域地质-地球物理系列图》重大成果的得力干将。从他们平时的闲谈中我得知刘光鼎先生系山东蓬莱人，出身名家，他的父亲是和杨振声先生同期的曾就职青岛大学和西南联大的学者，后来与大女儿分别为台湾新竹清华和台大的教授，另一姐姐当时是上海妇联的领导干部。刘先生在北大物理系读书时就参加了地下党，后来在北京地质学院物探系任教，1960 年奉命组建了中国第一个海洋物探大队（五物），而后离开了教学岗位开始了海洋地质勘探和科学研究的人生。塘沽时，刘先生和我师傅们隔着布帘分住在渔船改造的星火、燎原勘探船上，奋战作业完成了渤海海域石油地质普查勘探，为 1965 年渤海海底构造和油田的发现奠定了基础，就此掀开了中国海洋石油地球物理勘探的篇章。

我在上海时正逢先生“落难”时期，好像在上海地质调查局也没有什么特定的头衔，但是这期间刘先生却是上海滩太极拳界赫赫有名的人物，撰写出版了有关太极拳的书籍，每逢打太极拳时他的后面总是跟随着一堆群众，刘先生就是以这样独特的生活方式和心态应对着落难的时光，以至于在我们还没见到他本人时“刘光鼎”这个名字就已经成了我们小青年心中顶礼膜拜人物。后来因东海地球物理勘探成果检查和验收等工作，刘先生经常有机会到我们办公室看望老部下，成了办公室中最受欢迎最会讲故事的大人物。当时作为小字辈的我除了行使端茶倒水的任务外只能怀着敬仰崇拜的心情做一个虔诚的听客，以至于 20 年后再次见到刘先生时，问他能否记得起当年“一海”东海组那个喜欢听他讲故事的女孩子时，刘先生说还是有印象的，我当时真的是很高兴呀！

后来我离开了“一海”回到了长春地质学院深造，对于刘先生的状况也有耳闻：知道 1980 年他成了当时最年轻的学部委员，就任了地矿部石海局副局长，而后又弃官回归做了中科院地球物理研究所所长。悬殊的地位就像两条平行线，我从没想到这辈子还会有交集的那一天，但是奇迹竟然发生了！1995 年我和爱人牛滨华从中南大学来到了中国地质大学（北京）任教，大约 1996 年国家“九五”期间“863”计划成立了海洋领域“海洋资源勘探开发主题”，我有机会在 820 主题办公室为专家们服务工作了几年，刘光鼎先生恰恰是第一届主题专家组成员，就这样我们在将近二十后不期而遇，从此开始了我与先生之间的真正“相识”。

对于先生的学术造诣我无资格评价，但是刘先生以特有的全局观和前瞻眼光为我国海洋石油地质事业的发展和国际地位的提高做出的巨大贡献有目共睹。到地大后，一次我遇见了来学校参加校友聚会的我的“一海”师傅许薇玲，他向我讲述了当年刘先生调集“一海”“二海”的老部下老同志，将分散在各队手中 30 多年完成的重、磁、电、震数据资料搜集整理，系统分析研究编撰凝聚成中国第一套系列海图的情形。由刘先生主持完成的《中国海区及邻域地质-地球物理系列图》成果，第一次将中国海域地质和沉积状况系统的全盘呈现，为中国近海大陆架地区六大新生代沉积盆地和一系列含油气构造的发现及后来的中国海上油气突破奠定了坚实的基础；为中国海洋地质事业在世界地质界占有重要位置做出了杰出的贡献！许师傅告诉我刘先生调她来参加统编海洋地质图件工作时，她唯一的要求仅仅是 8000 元的经费，他们要干的是工作，从不讲价钱。今天虽然我无法估算这份经费的价值，但是我能够肯定的是当年刘先生和他的老部下们为完成这份工作做出了巨大的努力和无私的奉献，要知道当年的数据资料状况和技术手段远无法和今日相比，如果没有刘先生高屋建瓴的倡导、掌舵和人格魅力、号召力，就不可能产生这份成果！如果没有那些老同志的夜以继日的付出、严肃认真的工作态度和艰苦奋斗的工作作风，也就不可能结出这份沉甸甸的果实！在此我们不得不对我国海洋石油物探的开创者刘光鼎先生和那些德才兼备的前辈专家们表示由衷的敬意和无限的钦佩！我们不会忘记你们的！

大约 2002 年我和先生之间产生过一点小误会，以至于心中曾经对先生产生过复杂的心态，为此也流了不少眼泪。事情是这样的：为了一位爱徒的发展，我主动将她介绍给刘先生，希望能够接受她读博深造，后来由于硕士论文完成问题，我们之间产生了分歧，以至于她跑到先生那里告了我的状。之后我听说为了这件事先生在有些场合对我表示了不满，恰巧那几年又正逢我评职称不顺，刘先生当时又兼任地质大学地球物理与信息学院院长，因此我就将这两件事情联系在了一起，心生怨气，很长时间都刻意躲着先生，甚至调到了工程技术学院工作。

后来一些年间，我陆续参加过先生学生负责的科研项目，成果汇报时先生对我的工作均给予了中肯的评价，受益匪浅，当然我心里明白负责人虽然不是先生，但是如果没有先生的首肯我根本不会获得这样的机会。之后从不同渠道我又得知先生在不同场合均给予了我和滨华很多褒奖和支持，这些事情让我很是感动，也慢慢化解了心结反省了自己，认识到：当年我报怨先生以大压小，其实在自己的学生面前我也未必不是强势的那个，先生当时的反应恰恰是他同情支持弱者、仗义本色的表现。在虚怀若谷的先生面前自己的“计较”显得是多么的渺小，真是燕雀安知鸿鹄之志！

永远不能忘记在我最困难的时刻，先生的雪中送炭！通过他的学生送来的亲人般的关怀和鼓励，让我看到了在大师高大威严形象之外的那颗善良慈爱的心！让我能够不断鞭策自己以一种新的姿态站在征途上，继续前行！

突然想到：从1960年先生组建第一个海洋地球物理调查大队到今天，一个甲子快到了，我们地矿部门的海洋调查船从星火、燎原号开始，历经奋斗、海洋、探宝、发现号，一直到今天的海洋6号以至于7号，队伍日益壮大，装备愈发高档先进。无法确定当年的小渔船星火、燎原号的命名是否寄托了先生的一种愿望！名字起得真好！今天中国的海洋地质及资源勘查事业已经从星星之火燎原成熊熊大火，而且一发不收，那美好灿烂的远景和未来虽然现在还无法展现！但是我们敬爱的刘光鼎院士就是最初渤海湾上那颗点燃了中国海洋石油地球物理勘探事业的火种！这应该是当之无愧的！

让我以刘光鼎先生的书赠来结束我的这篇送给先生的小文吧！大师永远活在我的心里！

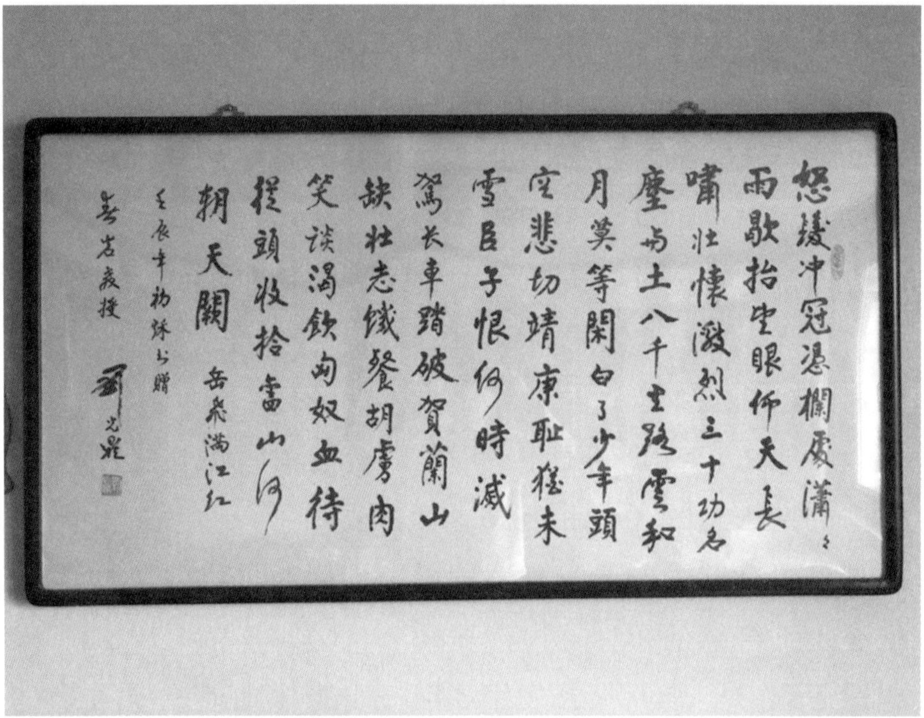

图 1　刘光鼎先生赠我的书法墨宝

忆刘光鼎先生

王真理

中国科学院地质与地球物理研究所

三横两竖舞拳脚，踏实中间两三角。
一二三多点精要，吹响三海之号角。
整体局部掌律动，弘扬太极之清风。
层深洋阔困不摺，奋勇向前工具造。
勘探开发鸣双炮，移时重力显功效。
挥毫泼墨成自体，爱谦侠仗无人比。
严于律己立师道，育人无数德尚高。
一生劳作献大地，鼎鼎之辉永不去。

“科教兴国”的倡导者与先行者

——追思刘光鼎先生

张　健

中国科学院大学

2018 年暑假，我受学校委派到英国伦敦的几所高校访学。8 月 8 日由伦敦前往剑桥大学，上午 10 点整列车厢十分安静、舒适。突然手机震动，国科大海洋地质地球物理教研室主任郝天珧教授沉痛地告诉我，刘先生医治无效不幸逝世。噩耗传来，我一时惊呆，仿佛空气都在空旷的车厢里凝固了。不一会儿，手机又一次震动，地质与地球所胥颐老师来电话，请我在国科大校园张贴刘先生讣告。我赶紧微信联系在三亚出差的博士后董淼，要他立刻赶回国科大，在校园各教学楼、科研楼、宿舍楼张贴讣告。整个上午，我都十分恍惚，伫立在剑桥大学的叹息桥上，巨大的悲痛中，仰面刺眼的阳光，沉浸在对刘先生的思念中，刘先生的音容笑貌一幕幕浮现在眼前……

我第一次见到刘先生是 1993 年 9 月在长沙召开的中国地球物理学会年会上。那年，我随导师周国藩教授去参会，由于火车晚点，宾馆只有一个小标间供我俩挤住。刚安顿好行李，刘先生就敲门来看望我们周老师。周老师出身于大师辈出的湖南益阳周氏家族，周家祖上与山东蓬莱刘光鼎先生的祖辈有交往。周老师 1951 年考入北大，入学的第一件事就是拜访刘光鼎先生。不久，周老师因病休学，再入学时被调整到北京地质学院，毕业后留校教书，与刘先生同事。后来，刘先生离开学校去组建海洋物探队，周老师则成为继薛琴舫教授之后地球物理系的第四位系主任，二人仍然交流频繁。周老师常向我提及刘先生，记得周老师曾说起过一件刘先生的趣事。"文革"时期，刘先生为躲避批斗会，找到我们周老师。周老师将他领到海洋地球物理实验室，打开一个教学用的海底潜水重力钟，"请君入钟"，丢给刘先生一本书，然后盖上钟罩，若无其事，扬长而去。直到批判会结束，反对派们也没能发现刘先生的踪迹。有趣的是，批斗会后，周老师回到原地也找不见刘先生，原来刘先生早已"饿跑了"。如今，刘先生当选中国地球物理学会理事长，百忙之余，第一时间赶来小旅馆看望老朋友，情深意长。刘先生进门落座，与我们周老师彼此问候、寒暄，我赶紧为二位老师端茶倒水，静立伺候。刘先生与周老师讨论《中国海区及邻域地质-地球物理系列图》，强调今后要大力培育产-学-研综合人才，地球物理学会要为"科教兴国"服务。我久仰刘先生大名，第一次见到刘先生，真切感到刘先生是一位心系"科教兴国"的伟大科学家（图 1）。

图 1　作者与先生合影

再次见到刘先生已是 2000 年 9 月。这一年，我已在中科院研究生院教了两年书，在博士后好友宋海斌的引荐下，参加了刘光鼎先生任专家组长，李家彪首席、江为为主任领导的“中国边缘海形成演化及重要资源的关键问题”（“973”项目）。9 月 18 日，我进入项目组的第一次“973”团队课题讨论会在杭州召开，会上，刘先生以专家组长的身份发言。由于是第一次聆听刘先生的教诲，我听得特别认真，记得特别仔细。刘先生从“科教兴国”的战略高度，对“973”团队提出严格要求和殷切期望。他告诫大家，中国海是巨大的资源宝库，主权、权益的背后是海底油气资源，大家一定要努力开展海洋地质-地球物理研究，查清中国海。他强调要汲取历史经验教训，告诫大家，1433 年郑和最后一次下西洋之后，闭关锁国，1894 年甲午海战，缺乏海洋强国基础的清王朝，北洋水师全军覆没，丧权辱国。在后续多次“973”课题研讨会上，刘先生不断要求大家：我们的使命就是提高海洋资源开发能力，坚决维护国家海洋权益。维护国家主权和权益是我们的底线，深层次在海底油气资源。建设海洋强国离不开海洋科技进步，发展是关键，地球物理不能被边缘化，寻找海底油气，保护环境，保卫安全都离不开地球物理。每次聆听刘先生充满智慧、爱国主义情怀的研究点评，都使我热血澎湃，愈发崇拜刘先生“科教兴国”的英雄主义气概。

随着与刘先生交往的深入，对刘先生“科教兴国”的情怀、“家国天下”的风骨和精神境界有了更深入的了解。2005 年 9 月，我作为中国海洋学会理事，参加了在银川召开的中国海洋学会全国代表大会，刘先生作为中国海洋学会名誉理事长，也参加了会议。由于刘先生和我都是只身一人参会，在会后的考察活动中，我有幸单独与刘先生一起度过了难忘的两天。在考察活动中，路过西夏王陵旁边的草原时，刘先生由于肠胃不适，远远落在了考察队伍的后面，我搀扶着刘先生来到一处小水潭边，坐在水潭边的草梗坝上，刘先生和我谈起了他当年组建中国第一个海洋物探队的经历。那时，他刚刚从苏联黑海回来，对于苏联黑海海域的海洋物探工作有一定了解，非常想把中国的海洋地球物理工作也做起来。因为海洋石油物探是二战之后由一部分海军工作演变而来，当时只有美国、苏联等少数国家有能力开展海洋物探工作，苏联老大哥不相信落后的中国可以开展海洋物探工作。但是，刘光鼎先生受命组建海洋物探队，硬是克服重重困难，引进仪器、改装线路、自制压电晶体检波器、借用简陋的民船开展实验，最终在渤海、南黄海成功探测了海底油气构造。说到自制检波器，刘先生捡起手边的一块土坷垃，投入水潭中，看着激起的水花、水花之后的层层涟漪，露出微笑，身体微微向后仰去，仿佛仍然沉浸在当年率领第一支海洋物探队成功完成渤海第一口油井调查后的喜悦中。

2007 年 9 月，刘先生的孙子刘华峰从北京大学地球物理系毕业，推荐免试进入中科院研究生院，成为我们地学院的硕博连读生。入学前，刘先生特意把我请到他办公室谈话，一再嘱咐我“十年树木，百年树人”，要从生活、学习、社团、技能等诸多方面严格要求刘华峰。同时，又转过头去，对爱孙循循善诱，一再叮嘱刘华峰不可在最美好的时光里，荒废了青春，蹉跎了岁月。拳拳爱孙之心，溢于言表。刘华峰也特别优秀，初到校园的紧张忙碌和兴奋告一段落后，10 月份就通过竞选成为地学院研究生会主席。我一直想邀请刘先生来我们地学院给研究生做个讲座，但苦于无缘开口，多次欲言又止。这次刘华峰担任地学院研究生会主席，我布置给他的第一个任务就是设法邀请刘先生抽空来玉泉路，给我们地学院全院师生做个报告。2008 年春季学期开学，同学们从全国各地返回玉泉路，一番忙碌之后，研究生会的活动也逐渐热闹起来。一天，刘华峰告诉我，爷爷已经答应抽空来玉泉路做报告。我听到消息非常高兴，与学院领导商定，第 39 个“世界地球日”请刘光鼎院士来我们地学院，给全院师生做题为“地球-海洋”的科普报告。我们提前一个月就开始筹备，会场、海报……等一系列工作就绪后，4 月 22 日刘先生如约来到玉泉路300人阶梯教室给我们做了一场“认识地球，开发海洋”的精彩报告。刘先生在报告中，结合“4·22世界地球日”和“2008国际地球年”主题，首先简述了人类对地球的认知过程，然后概述了地球物理方法技术在社会服务、资源能源开发、维护环境与国家权益等方面的作用，最后强调了培养研究生科学素养的重要性。由于刘先生准备充分，这次讲座非常成功，师生们一致评价这是一场非常有意义的地球日科普报告（图2）。报告会后，我代表地学院请刘先生共进午餐，席间，刘先生再次就海洋油气资源、海洋权益、“蓝色国土”等问题阐述了自己的科学发展观，并一再语重心长地叮嘱陪同的刘华峰等研究生们努力在“科教兴国”战略中发挥自己的聪明才智。

图2　聆听先生的讲座

刘先生非常喜爱刘华峰，隔代亲的祖孙关系让刘华峰从小就对地球物理感兴趣。从北大地球物理系毕业的刘华峰是一个非常聪明的优秀学生，在中科院研究生院硕博连读时，他选了我开设的研究生专业课“现代应用地球物理”。一天，我在讲解Snell定律与Zoeppritz方程时，要求同学们课堂练习：在小入射角条件下，由

Zoeppritz 方程推导反射 S 波、折射 S 波的振幅与入射 P 波振幅比值的参量方程。刘华峰很快推导出结果，并在课后到我办公室进一步讨论不同入射角的 Zoeppritz 方程简化形式、界面能量分配的反射系数和透射系数等问题。刘先生很关心我们的课程设置，时常与我谈起课程内容，建议我们多开设海洋地球物理类的课程，为国家“科教兴国”战略服务。按照刘先生的建议，我们将普及课“海底构造学”(2005～2007) 重新调整教学大纲，升级为专业课“海洋地球物理与海底构造学”(2007～2013)。2014 年学校迁入怀柔校区上课，我们又将课程提升为核心课“海洋地球物理探测”(2014 年至今)，并请刘先生到怀柔开讲第一堂课。2014 年吴时国教授和我合作编写了由科学出版社出版的研究生教材《海底构造学与地球物理学》，刘先生欣然为此书作序，并手抄旧作七言诗一首，以表达对其博士后弟子吴时国教授的大力支持：

大海扬帆天地阔，云海荡漾好唱歌。
水溅日辉彩虹桥，御龙起舞伴清波。
我欲踏浪游碧海，须乘白鹤云中来。
青龙引路出水宫，孔雀彩屏迎客开。
——刘光鼎/马年春月/青岛。

……斯人已逝，生者长思。2018 年 8 月 13 日我匆匆结束伦敦的访学日程赶回北京，在八宝山革命公墓送别了刘光鼎先生。在送别刘先生的人群中，有众多刘先生生前同事、朋友、学生，大家从四面八方、天南海北齐聚刘先生灵堂，表达对“一代宗师/地学泰斗”的崇敬和哀悼。灵堂上悬挂着郝天珧教授写的挽联“探华夏碧海查五洲大洋乘风破浪煮三杯老酒/论宏观格架倡二次创业披荆斩棘舞一套神拳”，伫立挽联前，我仰面灰蒙蒙的天空，仿佛看到刘先生“科教兴国”的壮志情怀如同水潭中的层层涟漪不断散去——愿刘先生在天国安息！

我的老师走了，他终可归隐江湖了

——纪念我的导师刘光鼎先生

张　岭

University College London, UK

2018 年 7 月底，我从英国携妻带女回国省亲。到了北京之后，我打电话给郝天珧老师，想了解一下先生的情况，看哪一天方便，能去拜望一下自己的先生。

“先生住院了”，郝老师告诉我说。先生年近九旬，自几年前大病了一次之后，身体再没有以前那般硬朗了。教师节和春节时，给先生打电话，从说话声音中能听出，他明显气息不足。但让人感动的是，他依旧惦记着我们这些散居在国外的弟子，对我们的工作和生活还是那么惦记。

我继续询问：“他这次问题大吗？哪天方便，我可以去医院看看他？”

“不是太好，还在医院观察。我哪天和他的家人说说，看什么时候方便，你去一下。”

“好吧。”放下电话，我有些伤感，但也能理解，毕竟住院期间，先生还是应该保持静养，越少干扰越好。我只能在心中暗暗祝愿他早日康复。

记得第一次见到先生，还是二十多年前，在国家气象局的一次报告会上听先生做海洋科学方面的讲座。那时候的先生，虽然满头银发，但是精神矍铄，说起话来，中气十足，谈到中国海洋权益被侵犯时，他异常激动，声音将整个会堂都震得嗡嗡响。也是那一次，我了解到“海洋专属经济区”的意义，并立下了能在海洋地球物理方面有所贡献的志愿。

2002年的时候，因为投考先生的博士生，通过笔试以后，在先生的办公室进行面试，第一次与先生面对面交谈。在我的记忆中，先生的眼光异常锐利，让人无法直视，但声音却非常和缓，有春风拂面的感觉。我至今仍然记得他询问的一个问题，关于“金盆洗手”的一段掌故。那是金庸小说《笑傲江湖》中的一段故事，讲的是衡山派的刘正风，欲金盆洗手，隐遁世外，彻底摆脱江湖的纷争烦扰。可惜，故事的结局却是“人在江湖，身不由己”。当时，先生已经年过七旬，早就过了一般人的法定退休年龄。如果是寻常老者，肯定是退休在家，含饴弄孙，享受天伦之乐，但先生却依旧奋战在科技战线上，数十年如一日，从未有丝毫懈怠。

先生喜欢太极拳，生活极其有规律，身体底子非常好。在研究所里，上下楼，他都是尽可能走楼梯，而不是像爱偷懒的年轻人搭乘电梯。为了保证自己到了先生的年纪，也能有同样硬朗的身板，我偷偷又捡起了自己已荒废多日的陈式太极。

作为导师，先生对学生采取的是自学为主，定期汇报的管理方法，作为学生，我们拥有极大的自由度，可以尽其所能钻研自己喜欢的方向。遇到困难的时候，他稍加指点，或者委托一下旁人，即可迎刃而解。除了学习，先生对我们几个弟子的生活也异常关心，经常嘘寒问暖，让我们感受到一种家庭似的温暖。只可惜，三年的博士时光，转瞬即逝。每当回顾那段在小月河畔读书的岁月，心中倍感怀念，那真是自己渡过的最美好的一段日子。

离开研究所以后，我就去了国外，做博士后，然后工作。由于家人在国内，加上公司有福利，回来的机会还是很多的。每次去所里，先生都很高兴，特意抽出空，一起出去吃个午饭，中间询问一下我的工作和生活情况。我只记得先生喜欢喝酒，每次都给他带一瓶伏特加或者威士忌作为礼物。可仔细想想，先生对洋酒其实并不是很热衷，但他从不点破，估计是怕让我难堪。

一次去所里，正好哥伦比亚大学的邓玉琼教授来访，有幸在一旁作陪。邓教授自 20 世纪 70 年代从台湾赴美留学，在地球物理领域建树颇丰，与先生也结下了很深厚的友谊。在美国几十年，邓教授却一直不肯加入美籍，而以身为中国人为荣。先生在席间告诫我说，无论走到哪里，都勿要忘记自己是一个中国人。这些年，尽管在好几个国家工作和生活过，但这段经历以及先生的话，我一直铭记在心。

慢慢地，再回来的时候，发现先生开始坐电梯了。自从摔倒过一次之后，先生的腿脚渐渐不再方便。但只要是工作日，他每天依旧准点到达研究所。对先生这一辈的地球物理工作者而言，工作早已经成为他们生活的一部分了。

2012 年夏天回来的时候，先生因为高血糖，在北大医院住院。我去了一趟住院部，先生精神头不错，斜靠在床上，还在看奥运会，聊起比赛来，滔滔不绝。他抱怨医院的伙食不合胃口，想吃点红烧肉，但医生又不许。他还喜欢六必居的酱黄瓜，研究组的老师们给他带了些，让他很高兴。

2015 年夏天，再次回国探亲。先生还是在北大医院，动了心脏手术。我去医院的时候，他躺在病床上，明显的精神不是很好。看见我来了，他很高兴，坐起身来，陪我说话。在他的床头有一份厚厚的报告，我扫了一眼，是关于国家自然科学基金的一个项目，需要让他过目签字。他从来都没有离开过科技战线，哪怕身染重病。

2018 年回来，先生这次是在中日友好医院住院，病情似乎比上次还严重。可我无能为力，只能等消息，盼望先生的病情有所好转，自己能有机会去看望他，哪怕只是一面。

2018 年 8 月 8 日一清早，我带着女儿，坐在开往长沙的火车上，就快要到站了。突然，大学同学的微信群里有人发给我一则消息，说“中科院地学部刘光鼎院士去世”。我的心中一阵绞痛，虽然已经有预感了，但还是不敢相信这个消息。从郝老师那儿得到了最终确认，这才明白古人所说的“痛定思痛，痛何如哉”是怎样一种痛。

2018 年 8 月 12 日下午，我坐高铁返回了北京。第二天一大早，去了八宝山。当我和师兄弟、师妹一起朝先生的遗体鞠躬致哀的时候，我已经禁不住满眼泪花。我的老师走了，他终于可以金盆洗手，归隐江湖了。

我很喜欢黄霑写的那首《沧海一声笑》，就以这首词作为写给先生的一段话，以示纪念。

沧海笑，滔滔两岸潮，
浮沉随浪记今朝。
苍天笑，纷纷世上潮，
谁负谁胜出天知晓。
江山笑，烟雨遥，
涛浪涛尽红尘俗事知多少。
清风笑，竟惹寂寥，
豪情还剩了一襟晚照。
苍生笑，不再寂寥，
豪情仍在痴痴笑笑。

往事片段

——怀念恩师

雷受旻

中国地质调查局青岛海洋地质研究所

“长歌当哭是必须在痛定之后的”。先生离开我们几个月了，点点滴滴的往事比先前更加频繁地浮现在眼前。不过奇怪的是，如今不再是“三横两竖”，也不再是“二次创业”，既不是讲台上纵横捭阖的神采，又不是对学界不良现象的怒目，而是一幕幕琐碎、片段、具体的情节……

曾经在先生的办公室里见到一位博士生奉师命前来讨教。看得出她是带着对学术泰斗的敬畏初次拜见，因而相当拘谨。先生并不急于进入正题，先是称赞其导师最近的研究成果，又询问她选修了哪些课程，然后问“有男朋友没有？”回答“刚结婚”。先生一迭连声说：“好!好!好!”接着叹息：“现在有许多非常优秀的女孩儿，由于学历高反而成了大龄‘剩女’，我们这里就有好几位，真是让人操心。” 显然是操心太多，虽然与面前这位素不相识却也条件反射地关心其婚恋状况，颇似一位因为闺中有女待字而焦虑的母亲。原来，素来被称为“大侠”的先生竟然也能有这种“心病”！

在《中国海区及邻域地质-地球物理系列图》项目进行中有一次职称评定，尚在酝酿阶段先生就特别指示，要我以项目办公室名义主动到各参加单位“汇报项目进展”，嘱咐一定要“重点介绍该单位成员在本项目中的业绩和贡献”，此后又多次嘱我关注进展情况。

有一位主要技术骨干未能如愿晋升，过后不久先生就为他争取到一个出国学习的名额，“戴帽”下达给他所在单位——在 20 世纪 80 年代出国学习的机会是相当难得的。

20 世纪 80 年代中期有一次先生应邀到南京大学讲学，我和一位师兄陪同。当时京沪线列车一票难求，学校只给先生买到一张软卧，我和师兄是硬座。上车后发现，就是这两个座席恐怕也来之不易。由于全程严重超员，送餐车无法通行，旅客只能在两侧窗口购买食物。在济南站停车时间较长，快要开车了，忽听先生在另一侧的站台窗口招呼我们，送来一支烧鸡，没有来得及说话就匆匆回去了。先生并不知道我们在哪节车厢，他一路找过 3 节硬座车厢，逐一在每个窗口向里张望一番，最后才找到我们……

1996 年我调到民革青岛市委工作。到任不久先生到海洋大学讲学，他说他要宴请我的上级领导和新单位的同事。先生与青岛有很深的渊源，早年曾经在青岛太平路小学上学，1947 年在山东大学（中国海洋大学现址）物理系学习期间，因积极投入学潮被青岛市警察局列入黑名单，后经地下党安排转入北京大学。鉴于先生在青岛具有中国科学院院士和本岛革命前辈双重堪受尊敬的资质，分管统战工作的青岛市委副书记、市政协有关领导、统战部部长和我的同事们都欣然应邀。席间他说：“我的这个学生协助我工作多年，工作很敬业，专业功底也扎实。工作单位虽然在青岛，但是近些年来一直在京兼职工作，如今他已五十多岁不宜两地奔波，儿子又临近高考，我不便继续挽留。不过，我的这个学生一直从事技术工作，有些书生气，改行从政未必称职。如果以后领导同志们发现他不能胜任党派工作，请告诉我，我还需要用他。”言罢举座动容：“师生情深啊，像是送女出阁拜托婆家人”，“老先生是在暗示，此人深受器重，并非因科研无能而改行从政”。

………

往事点点滴滴从一个罕见的侧面展现出先生性情和人格：蕴藏在侠骨中的柔情，浸润到细节中的关爱。先生是“师”，先生是“范”。

悼刘光鼎先生

罗晓容

中国科学院地质与地球物理研究所

忍别先贤驾鹤去，追忆音容在昨天；
舞拳岂止强筋骨①，浮白多为书诗篇②；
二次创业③定大计，三海战略④待来年；
笑看疆海千万里，油花处处可耕田⑤。

注：

①中华武术向来有外练筋骨皮、内炼精气神一说。先生精通太极拳，著有《太极拳术——理论与实践》一书，而通过研习太极拳强身健体、提高精神和意志则是先生一生的坚持。

②满饮或畅饮酒为浮白。先生善饮酒，好书法，擅填词，每当心情大好，畅饮而疾书，字如其人，遒劲有力，自然洒脱。先生 1982 年填词《贺新郎》，有"浮大白，唱金缕"的词句。

③先生于 2001 年向国务院上书，提出中国在陆相油气地质理论和勘探开发突破为代表的油气一次创业的基础上，必须推动我国油气工业的二次创业，以改变我国油气生产停滞不前的局面。勘探重点面向陆相盆地下伏之前新生代盆地和海相碳酸盐岩地层层系，并注重新技术的研发和应用。该建议得到国家领导人的高度重视并得到油田公司的响应，以普光大气田的发现为标志，开辟了我国油气资源接替新领域。

④三海战略是先生继我国油气二次创业获得突破后，于 2010 年提出对中国油气资源战略的新构想。先生提议，我国油气资源战略的原则是立足国内、开拓海外，主要的油气勘探开发领域应集中在我国陆上盆地深层海相层系和沿岸 300 万平方千米的海域，另外要具有全球视野，规划海外油气资源的开发和利用。对于海外的油气资源的利用，不能仅仅靠购买原油和天然气，而且需要通过海外投资，进入海外勘探开发领域。三海战略实现的基础是要建立我们自己的油气勘探开发地质理论，加强核心技术研发和重大装备的制造。

⑤先生被称为"中国海洋地质之父"，多次指出我国 300 万平方千米的海域也是油气勘探开发的重要战场，加上中国陆地 960 万平方千米，我国 1260 万平方千米的领土处处都有可能发现油气田。近年来在我国海域不断有油气勘探突破，印证着先生的论断。

与先生的缘分促使我事业进步

张明华

中国地质调查局发展研究中心

见到刘光鼎先生之前，对先生的大名就有耳闻。那是 1990 年夏天，我有幸师从冶金部地球物理勘查院（时称物探公司）院长王继伦教授和中国地质大学（北京）地球物理与信息技术学院（当时的北京地质学院物探系）管志宁教授进行硕士学习，在入学谈话中，王继伦先生讲到了中国物探界新当选的学部委员刘光鼎先生如何开拓海洋地球物理事业，倡导综合地球物理勘探，鼓励物化探专业的单方法技术研究向综合研究转型的事迹。这段谈话鼓励了我在五台地区复杂磁异常研究的硕士论文中，充分结合岩石物性数据开展综合研究，取得区域找矿规律新认识和香峪铁矿找矿突破（该项目成果于 1992 年获冶金地质找矿科研二等奖）。此项研究成果于 1991 年夏参加中国地质学会青年学术年会，获得了优秀青年论文一等奖，后又在《地质与勘探》发表，这是本人发表的第一篇学术论文。

直到 1993 年本人攻读博士学位之后，才真正和刘光鼎先生进行过面对面交流。当时，我师从管志宁教授做博士研究生，应用地球物理专业，跟管老师承担刘先生牵头的国家重大项目“攀登计划 B”进行“隐伏大型超大型矿床地球物理勘探”的区域磁异常解释方法研究与应用课题工作。在课题进展汇报中，聆听了先生关于“攀登计划 B”如何立项，地球物理如何可发挥不可替代的作用的谈话。先生指出，该项目鼓励年轻同志参加并钻研多专业知识，运用计算机技术，解决实际勘探问题。我深受鼓舞。因为参加本课题，我得以时常向先生汇报和请教，先生也把我当作他的学生一样对待，实是有幸的缘分！

参加项目的科研工作，我也完成了变物性磁异常反演确定磁性层顶底界面深度的方法和软件，并在华北地区运用，完成了华北重力场分形特征与网格化间距选取的优化方法，以及板状（脉状）磁性体几何参数定量反演等方法，进而完成了博士论文。部分成果还在《物探化探计算机技术》杂志得到发表。

记得在一次项目工作成果汇报中，先生谈到我和管老师提出的方法和软件先进、实用（当时的计算机 CPU 是 386 的时期，大多物性界面反演的软件计算速度或效果不佳，我的软件是用 Turbo C 编制的，速度很快，在算法上是比较先进的，当时也得到了其他课题和其他单位相关研究工作使用)，是攀登计划 B 项目完成的重要技术成果，说："明华是一个做事的人，要好好发展！"我也因此深受鼓舞！增强了我在区域地球物理勘查方法和计算机软件领域深入研究的信心。

1994 年在中国地质大学（北京）学术交流中心当时是一个大门朝东的三层楼，现在已经拆掉了，在其旧址和向南扩大的地方建起了现代化的国际学术交流中心，我们聆听了先生的一个报告。报告的题目和大部分内容，现在已经记不得了，但清晰地记得的是先生当时谈到很多学生考托福、GRE 出国，以及中国物探走向和趋势的问题，先生明确地提出，21 世纪的地球物理在中国。有志于物探专业工作的青年,应该为未来国家经济发展所需资源的勘探作出贡献。他的论断和倡议，当时既是作为中国地球物理学会理事长的一个判断，也是一个革命老党员报效祖国的一个作为。至今想起来也还是十分正确的！

后来我认识了雷受旻先生,才更多地了解了刘先生的人生历程。

先生的母亲在日本侵华战争中罹难。先生十几岁就投身到革命，做了大量的地下党革命工作，后于北京大学物理系求学。新中国成立后，应国家经济发展的需求，成立北京地质学院，先生奉命组建物探系，他和谭承泽先生、萧敬湧先生一道，组建了当时的物探系。他还应派遣前往苏联访问学习，担任苏联专家翻译，为我国快速引进物探技术做出了重要贡献，使得一个一穷二白的地质学院逐渐建成了国内一流的地球物理教育和研究核心机构，培养了一批又一批的国家物探技术精英和勘探事业栋梁。

雷受旻先生就是在北京地质学院 1963 年毕业的学生。机缘巧合，他在青海和西藏进行了 20 年的物探工作之后，回到内地跟随刘先生编制了中国第一套《中国海区及邻域地质-地球物理系列图》。这项成果成为第一份地质地球物理综合的区域性研究成果，填补了空白，获得了国家科技进步二等奖。雷老师也因此了解了先生诸多情况及工作和生活的习惯，尤其是其拳拳报国之心和亲力亲为干工作的很多事迹……每每谈起，总是能够给人以启迪和鼓励！

可能是受先生影响，雷老师也一直是不断地为地球物理事业无私、默默地做贡献，他退休之后，又一直参加和指导了我们青藏高原区域重力成果综合研究和全国矿产资源潜力评价重力专业数据解释应用。

先生“21 世纪的地球物理在中国！”的洪亮声音一直鼓励着我在国内扎实工作，努力学习，增长才干，踏实为国家做事。现在看来，当时先生的论断是十分正确的。21 世纪中国的地球物理事业的发展是迅猛的！许多复杂技术的研究和突破是在 21 世纪的中国实现的！譬如，油田勘探中的薄层技术，GeoEast 物探软件，航空综合地球物理技术，区域重力调查全覆盖与资源选区勘探，天然气水合物地球物理探查与试采突破，海洋电磁法勘探装备等等，都是国际一流的成果。本人在孙文珂、刘士毅、叶天竺、雷受旻等老一辈专家的指导下也实现了专业的梦想。所带领的团队也完成了全国重力数据库建设与大规模应用，为全国各省各大区及国家科研项目和工作提供了有求必应的数据服务；研发了物探综合处理软件 RGIS 在全国得到大规模推广，各省基层队伍和许多院校都在使用，而且推广到亚洲、非洲和中东欧地区使用；牵头完成了青藏高原重力调查综合与应用，完成了南黄海地区、大兴安岭地区、南祁连地区和楚雄盆地等油气战略选区研究，完成了华南地区隐伏岩体圈定与三维形态反演。牵头完成的全国矿产资源潜力评价重力数据解释信息化、规范化应用成果，不仅为区域矿产预测提供了不可或缺的区域和深部地质构造及成矿地质体信息，也促进了中国物探事业的发展。作为第一完成人，研究成果获得了中国地调局地质科技一、二等奖三项，获得国土资源科技二等奖三项，一等奖一项。可以说，事业上的进步取得了一定的业界认可的成绩。重力专业工作成果在地矿部门取得一等奖，也是一个突破。

回想起来，这些成绩的取得，除感谢国家发展和历史机遇，感谢叶天竺等老局长对物探技术的重视，感谢各位老先生的指导，感谢团队同事们的智慧和支持，以及各省、各大区物探等专业力量的努力之外，还必须要感谢先生的激励留在我心中的种子！这个种子在心中不断地成长，激励着我为国家做事和在事业上进取。从另外一个角度说，也是与先生的缘分，让认识他的人和接触他的人都能够受益和成长！认识先生的缘分促使我事业进步，我确实受益匪浅！

与先生较长时间在一起的机会，是 1998 年 10 月底去澳大利亚的访问，交流“攀登计划 B”项目成果。5 天的出国行程中安排了 3 天的业务活动。与 ASEG（澳大利亚地球物理学会）的交流报告会上，先生报告了中国及邻区大地构造“三横、两竖、两个三角”的理论，我也被安排了一场报告，讲述了变物性三维反演技术。先生对年轻人的重视至今印象深刻，因为，当时管志宁教授也同行，却安排了我来报告，管老师指导。我不仅英语得到了长进，而且报告交流能力得到了极大的提升。访问期间还参观了 McQuene 大学的实验室和悉尼大学，10 月的北京是凉爽的，但澳大利亚却正值夏季，天气十分炎热。先生常常一身大汗，还亲力亲为，十分认真地参加各个访问的细节工作，包括我们一起步行的活动及每天到小餐馆吃饭。先生虽然喜欢喝酒，每天喜欢和大家喝一杯，但从不多喝，他自带的两瓶五粮液到走的时候还没有喝完。

记得当时我带了 10 瓶小二锅头，还被海关盘问，我的回答是我不抽烟，我喜欢喝酒，每天喝两瓶，对方好奇地笑了笑，放行了。让人记忆很深刻的就是到达悉尼后，先生让大家给家中报平安，而且是用先生的手机。当时的手机是叫“大哥大”，因为通信技术差，国际长途电话费非常昂贵。先生当时是中国地球物理学会理事长，却让我们普通的人都用他的手机给各自的家里报平安！

为了支持地矿部门的工作，先生经常鼓励我们的研究和项目工作，对我们提交申请地球物理学会奖励的成果，都主动提出修改意见。在先生的鼓励下，我本人申报获得了傅承义青年科技奖，我们申报了多项研究成果，多数都获得了较好的评价。近几年有三项得到中国地球物理进步一、二等奖（2017、2014、2015）。

我们平时和先生的会面和小聚，尤其是先生退居二线和成为资深院士（没有院士选举权了）以后，先生常常谈起时下地球物理工作技术现状和他的方法论，也就是地质地球物理综合解释的“一、二、三、多”。先生也常常谈起时政以及他的“二次创业”和“三海战略”等。很多的谈话总能给人深刻的印象，那就是让人感受到先生满腔的爱国热情和博大的事业胸怀，能够激励人奋进向上，总给人一股“正能量”。记得有一次师兄弟们和先生聚会，庆祝先生 85 岁生日。先生兴致勃勃地挥毫赠书“今日长缨在手，何时缚住苍龙”。先生谆谆的教诲和切切的勉励，总让人感动和不断地奋进。

先生的希冀将永远激励着学生和后生们在工作上奋勇向前。

先生于 2018 年 8 月 7 日过早地离开了人世。这是我国地学界的一个重大损失！

先生离开已过半年了，今天想起来心情有说不出的悲痛！无意之间，偶尔会想起过两天去和先生聚一聚吧！好像感觉先生并没有离开我们一样。但回过神来，先生已经走了，深感心情沉痛。

事物的交替，人生的过场，以及万物的演化总有规律。先生的一生是精彩的，伟大的，是催人振奋的！先生对人、对事业、对国家的帮助和贡献和有口皆碑的！认识先生的这个缘分，促使了我事业上的成长！促使得我更好地发挥自己的能力，为国家和所从事的工作做出些有益的贡献，让我永生感恩！

亦父、亦兄、亦师、亦友

——敬悼并缅怀豪勇大侠刘公光鼎

邓玉琼

美国哥伦比亚大学

认识刘先生是 1980 年在美国洛杉矶（Los Angles）SEG 年会（Society of Exploration Geophysicists Annual Meeting）上。那时在我们哥伦比亚大学 Aldridge 应用地球物理实验室（Aldridge Laboratory of Applied Geophysics, Columbia University）访问的有中科院地球物理研究所的王妙月、北京石油学院的牟永光、涿县（今涿州）的范桢祥和国家地震局的张之力。大家都去参加了 SEG 年会。我的老师郭宗汾教授千叮万嘱要我务必照顾好大家。所以开会的那几天里，我们都是集体行动，在那个年代，一大群人还是颇为引人瞩目的，我想这大概也引起了先生的注意，曾和先生有过简短的交谈，当时我也不知道这位长者是何许人。直到 1984 年时，北京地质学院的许云教授（这也是我心目中一位亦师、亦友的人）来我们实验室访问。许先生回国后，就提出了用他自己的科研经费邀约我回国一行的申请，先生看到了申请报告，就立即去见了夏国治副部长，请他当面批示。这一切我也是多年后才知道的。当时我正在准备去亚特兰大（Atlanta）参加 SEG 年会，邀我回国的突来消息，实在令我感到非常意外和无比的兴奋，我在亚特兰大做完报告，没有等会期结束，就赶回纽约整点行装，匆匆踏上归国的旅程。那时正值 1984 年 12 月初的寒冬时分。许先生安排的行程是在地质大学做四个报告（在那时结识了好友乌达巴拉教授)，接着去涿县物探局拜望了潘瑗、孟尔盛、陆邦干诸位前辈，再去西安拜访以后也成为挚友的朱光明教授、去南京物探所拜访欧庆贤老师。

先生是在南京等候我们，参与了以后的行程，南京访问结束后，在无锡太湖边小住了两日，先生知道家母是镇江人，特别安排了金山寺之旅，接着是苏州和上海，再由上海转机回纽约。一切细节都不在此赘述了 。但在这次的旅程中，两位先生的教导，让我粗略地了解了祖国的新貌，并深深地觉得要做扎实基础科学研究的地方是在中国，有豪气干云有魄力的领导人、有孜孜不倦不计成败的苦耕者。1974～1975 年我曾在中国台湾“中央研究院”物理研究所任职副研究员一年，那一年曾附庸风雅拜了张直厂老师为师学刻图章，直厂师常领我们几个师兄弟们， 去拜会一位书画收藏家宋伯伯宋膺三先生。 直厂师的 “边款”在台湾篆刻界是独领风骚的，宋伯伯还为我们每人撰文一篇，由直厂师刻在一方图章上。原来这位宋伯伯就是先生的大姐夫， 由于这层渊源，交谈也就格外亲切了。也是在这次的旅程中，我知道了先生是吴式太极拳的传人，对酒是海量，对武侠小说是痴迷，更是一位书法家。后来先生率队造访纽约，那时正逢大家开始在家看录像带，我也新买了一个录像机， 在先生离纽约的前夕，我把录像机搬到先生下榻处，在中国城租了全套鹿鼎记，想让大家看看香港如何拍武侠片。整个连续剧太长，我想能看几集就是几集吧。第二天先生告诉我大家在他房间把片头片尾跳过看完了全剧。

1987～1990 年，蒙黄公绪德邀约，以联合国名义在地质矿产部北京计算中心工作，每年 1～2 月。在那期间，常去刘府拜望先生和夫人仲和老师，仲和老师的凉拌粉丝是我至今难忘的佳肴。那时先生还住在西便门，有一次我去的时候正好看见先生在大树下观人下棋，当时我就想到了苏东坡的那种不拘小节和开阔的胸襟。2000～

2001 年，又应先生之邀在中国科学院地质与地球物理研究所工作，那段时间里，不但和郝天珧、江为为结为好友，并且不时能得到先生的教诲。从那时起，每次由北京回纽约时，一定得到先生赏赐茅台一瓶，而这瓶茅台一半在圣诞节、一半在过年亲朋好友团聚时一同共享。

2007 年，在青岛地球物理年会后，先生领了广州的陈洁、厦门的许江和我，去先生老家蓬莱寻访故居。凭着先生的记忆，大家一同寻觅，最后确定了地点，但只见长街一条，里面是沧海还是桑田就不得而知了。当晚先生豪兴大发，包括开车的师傅，每人都得到了先生的墨宝。先生赐赠给我的是“天下无人不识君”。也是这次“登州行”我知道了先生是海边长大的，所以爱吃海鲜。这令我想起 1993 年我和师弟费东宇去马里兰（Maryland）参加 AGU（America Geophysical Union）会议，东宇是天珧的姐夫。我们在会场上遇见了先生。马里兰和华盛顿 D C 的螃蟹是闻名全国的，所以当晚海峡两岸同仁相约在一家知名餐馆共进晚餐，结果是又贵又不好吃。于是我打听到在 1 号公路上的一家“All You Can Eat”专吃螃蟹的地方，啤酒也是“All You Can Drink”，离会场开车约三四十分钟，我们驱车前往三人共吃了 36 只螃蟹。多年后再按址去找，但门庭已不复依旧，这家店已不知所踪了。

1995 年，先生再访纽约，这次只有他一人孤身前来，所以我就介绍先生住在我的好友石纯仪家里，我们（纯仪、我已故的室友高孝偶和我）曾陪同先生去过 Trump Tower，那时真没想到这个 Trump 以后会成了美国总统。九月九日正逢中秋佳节，我开了我的老爷车大家（同行的还有我的幼弟崇德）一起去新泽西州（New Jersey）我妹妹玉屏、陈富烟家过节，住在附近的小妹玉成、陈乃懋一家也来赴会。那天斜风细雨，浮云遮月，但大家天南地北，上下古今，高谈阔论，杯酒言欢。后来先生曾赋诗《中秋节随邓姐家聚会于新泽西州》以志当日之聚并抒发感怀，全诗如下：

细雨浮云遮嫦娥，
明春花灯遭雪厄。
新泽西州度中秋，
异国华人庆收获。

友朋阔论闰八月，
心寒昔日十年祸。
蹉跎漂流风浪里，
犹冀神州尽欢乐。

诗中充分表现了先生忧国忧民的情怀，这种情怀是我们父辈那一代读书人的共识，而是我们这一代漂泊海外的人略有欠缺的。这也是我对上一代先贤们由衷孺慕的缘由。我是在 2018 年 9 月底才看到这首诗的，是长安大学的赵淑红寄给我的，那时先生已仙去，没有能在先生生前向他表达我对这首诗的想法，实在是件憾事。先生一直称我为“邓姐”，他说这是“官称”。就和先生在蓬莱赐给我的墨宝一样，我都是受之有愧的。

先生的功业，无需我在此细表，以上的叙述是三十多年来的一些点滴旧事。哲人已逝，谨以以下数言，聊表对先生的悼念和追思：

刘门英贤，
公望在天。
光耀四海，
鼎力执言。
豪气干云，
勇领前行。
大家风范，
侠骨柔情。

怀念刘光鼎院士

万天丰

中国地质大学（北京）

年轻时，笔者无缘直接师从刘光鼎院士，但自从 1954 年来地质学院上学以来，就早已仰慕刘老师的大名和才华，也知道他是北京大学物理系毕业的高材生，在我校教授地球物理学，是教研室主任。我在 1959 年大学本科毕业后，就知道我同班女同学的丈夫刘天放是跟刘老师学习的，是地震勘探专业的研究生。1957 年之前，地球物理系是一个半保密的专业，家庭出身不好的人是没有资格学习地球物理学的。因而，我们不学地球物理的人对于地球物理学专业的师生都有一点神秘和敬畏的感觉，不敢随便打听该系的情况（1957 年之后才改变政策）。

后来，听说刘老师去组建海洋物探队，1964 年后，他调离学校，到地质部海洋地质所地球物理研究室当主任和第二海洋地质调查大队的技术负责人，后来任地质部海洋地质司副司长和地矿部石油地质、海洋地质副局长等职，是著名的海洋地质和石油地质勘探的地球物理专家。

1987 年，有一次在与我的老丈人赵守成聊天时，无意中谈到了刘老师。我老丈人就说：想当年，新中国成立前在什刹海旁边的李广桥中学（新中国成立后，改名称为第十三中学）教篮球校队时，就有一位高个子、篮球打得很好的中锋叫“刘光鼎”。后来，我跟刘老师有了科研业务联系，才知道那个中锋就是刘老师。从此之后，刘老师多次向地球物理界的同行们介绍我时，都加上一句话：“他是我中学体育老师的女婿。”

笔者曾多次受邀在刘老师指导的博士生毕业论文答辩会上当评委，深深地体会到刘老师学术上的造诣很深，对于学生指导有方，很有创新精神。例如，在地质-地球物理学界中，有一种流传很广的假说，长期以来一直在说：在地表成为盆地的负地形，则其下的莫霍面就一定会向上隆起，也即形成所谓的“镜像反映”。刘老师指导的博士生张岭在研究渤海盆地构造的时候，利用地质与地球物理研究所大量精确地重新核定历史地震震中的资料，进行了精度较高的地震层析成像研究，编制了速度扰动平、剖面图，其中显示了四个较明显的高速扰动区，表明它们都是在很平坦的莫霍面之下存在着高速体，这些高速体可解释为该处赋存了高密度体（密度约＞3.3 g/cm^3，自然很可能就是存在基性或超基性侵入岩体）。它们自东北向西南，依次分布在渤海中部、黄骅凹陷（大港油气田）和濮阳凹陷（中原油气田），以及山东北部的莱州湾（胜利油田附近）。它们正是环渤海地区沉积凹陷较大的部位，也是在平坦的莫霍面之下存在着高密度的侵入岩体。在刘老师指导下的这个研究成果，就很有根据地打破了过去常说的凹陷盆地底下一定会有呈“镜像反映”的、莫霍面上隆的假说，使人耳目一新。后来，在渤海湾进行的海洋地震勘探，也进一步证实了这个结论是正确的。

我作为学生，早已仰慕刘老师的多才多艺。他不仅是著名的地球物理学家，而且是太极拳的高手，是有名的“大侠”。刘老师还善于写诗填词，书法艺术颇佳。2000 年，我校的新编《地球科学概论》教科书准备出版时，郝诒纯院士就建议：请刘老师题写书名和题词，我特地到刘老师家中，请他题写书名并题词（图 1）。没过几天，他就写完了，打电话让我到他中关村的家中去取。他题写的书名和题词，给我们的教科书大为增色。此教科书影响较大，被很多地质院校的师生所采用，印数已超过 2.5 万册。

图 1　刘老师在《地球科学概论》封面上的题字及题词

在 21 世纪初，我参与了刘老师领导下的“环渤海地区前新生代海相油气资源研究”(中国科学院知识创新工程重大项目的子课题)，使我有机会能更多地直接聆听刘老师的教诲和指导。他绝对不墨守成规，特别赞成要分别研究各个地质时代的构造变形及其组合规律，并以此来指导寻找各个地质历史时期可能形成油气田的分布规律。

由于我国过去开发的油气田，基本上都是分布在深 1～2 千米的新生代陆相油气田，随着近 40 多年来大量开发的结果，面临着浅层油气藏即将枯竭的形势。在 21 世纪初，刘老师就具有很敏锐的战略思想，他大力创导在我国大陆深部（深度在五千米以内）展开找寻古生代海相油气田的研究与勘查。他曾指导中石化在四川普光、塔河等地找到大型海相油气田。近年来，中石化已经把在大陆深部寻找古生代的海相油气田和页岩气田作为当前油气勘探的主攻方向。这是我国在基本完成了新生代盆地的油气勘探和开采之后的又一次重大的战略转移。刘老师正是这次战略转移的主要倡导者之一。

刘光鼎院士的音容笑貌、乐观豪爽、眼光远大、为人诚恳和敢于坚持真理的优秀品德，是我们终生学习的榜样!

他在学术研究上对地质、地球物理学的发展有着深远的思考。他的思想、他的榜样将永远铭记在我们的心中!

馨香一缕祭忠魂

——追忆刘光鼎院士

何起祥[1]　刘守全[1]　张训华[2]

1. 中国地质调查局青岛海洋地质研究所；2. 中国地质调查局南京地质调查中心

2018年8月7日，我国地学界一颗巨星在北京陨落。中国海洋地质事业的开拓者、海洋地球物理学科的奠基人、为我国石油地质事业二次创业奔走疾呼并为学界所景仰的著名地球科学家刘光鼎院士，因病医治无效，驾鹤西去。岁月如流，忽忽半载，不思量，自难忘；先生的音容笑貌依然时常浮现在我们的脑际。刘光鼎院士是一位忠贞的爱国者，一位具有战略视野的科学家，一位学识渊博的导师，一位有担当有作为的知识分子楷模。他对中国海洋地质事业发展所做出的杰出贡献，他在中国海洋地球科学领域中的卓越建树，就是中国海洋地质事业发展历程中的一座丰碑。他所热爱的祖国不会忘记他，他的亲人不会忘记他，他的学生、朋友、同事不会忘记他。回忆起刘先生为海洋地质事业鞠躬尽瘁，对海洋地质研究所关爱有加的点点滴滴，不禁悲从中来。思绪万千之际，我们撷取了亲历的刘光鼎院士与海洋地质研究所的几个片段，犹如一缕馨香寄托着我们对先生的深切怀念。

为创建和重建海洋地质研究所殚精竭虑

中国是世界上航海事业发展最早的文明古国之一，拥有300万平方千米的辽阔海疆，是名副其实的海洋大国。晚清以降，禁海锁国，国力衰微，导致科学技术，尤其是海洋地球科学和海洋调查技术，远远落在了西方列强之后，备受欺凌。翻开中国海洋地质调查的历史，在新中国诞生前的数十年间，除了屈指可数的几篇海岸和海岛地质调查报告之外，旧中国的海洋地质调查几乎是一片空白。这种状况，对于包括刘光鼎先生在内的志士仁人，无疑就是一种刻骨铭心的悲怆。20 世纪 50 年代，新中国初建，他们就开始奔走呼号，决心用百倍的努力，闯出一条中国海洋地质事业的新路，开拓出海洋地球科学的一片新的天地。1960 年，北京地质学院成立了我国第一个海洋地球物理勘探教研室，先生受命担任教研室主任傅承义教授的秘书。与此同时，在遥远的北国，长春地质学院成立了“五系”，创建了我国第一个海洋地质专业，业治铮先生以教务长兼任系主任。1964 年，地质部决定将长春地质学院海洋地质教研室、北京地质学院海洋物探教研室和地质部在柴达木的石油队等三个单位，整建制地迁调南京，组建地质部海洋地质科学研究所。这是我国第一个也是唯一的一个海洋地质专业研究所，由崔振东任所长，业治铮、关士聪、朱夏、牟闵任副所长。刘光鼎先生也奉命束装南下，挑起了地球物理研究室主任的重担。一大批海洋地学的科技精英从四面八方汇聚在这里，海洋地质工作迎来了崭新的局面。在李四光部长的指导下，海洋地质科学研究所使用改装的 “星火”号和“燎原”号调查船，首先在渤海海域开展油气地质地球物理调查，同时开展了渤、黄、东海近海和海岸带地质调查，取得了一批重要成果，开创了我国海洋油气地质和海洋沉积地质调查的先河。若假以时日，其前途将不可限量。而这个海洋地质科学研究所，就是当今青岛海洋地质研究所的前身。业治铮先生和刘光鼎先生等开创者就是它的奠基人。他们为海洋地质研究所的创建和重建费尽了心血。

1970 年 9 月，国家计划委员会地质局决定将南京海洋地质科学研究所整建制南迁广东湛江，更名为第二海洋地质调查大队，开展南海北部海域以石油地质为主的海洋地质调查。刚从“牛棚”里“解放”出来不久的刘光鼎先生出任大队技术负责人，主持南海北部海域的地质地球物理调查，获得了一大批南海北部海域的地质资料，为油气资源的勘探与发现提供了强大的技术支撑。1973 年 11 月，国务院批准国家计委地质局的请示，决定在上海成立海洋地质调查局，主管我国海底资源的调查评价，刘光鼎先生受命出任海洋地质调查局副总工程师兼综合研究大队长。1978 年 8 月，国家地质总局决定设立海洋地质司，刘光鼎先生被任命为海洋地质司副司长。其后，海洋地质司与石油地质局合并，成立地矿部石油地质海洋地质局，刘光鼎先生任副局长，主管海洋地质工作。1980 年，刘光鼎与业治铮、朱夏、关士聪先生等当选为中国科学院学部委员，即中国科学院院士。

为了合理部署海洋地质调查研究队伍,1976 年 4 月,新成立的国家地质总局决定在青岛复建海洋地质研究所，得到山东省和青岛市的大力支持。按照两步走的方案，先成立海洋地质研究综合大队，待到条件成熟时再正式建所。翌年初，国家地质总局决定恢复重建海洋地质研究所，由国家地质总局直接领导的海洋地质研究所宣告正式成立，刘光鼎院士时任海洋地质司副司长，是海洋地质研究所的直接领导，负责指导该所的重建工作。业治铮院士则以南京地质矿产研究所所长身份兼任海洋地质研究所所长。

经过多年的努力和奋斗，终于梦想成真，实现了建设一个专业海洋地质研究所的漫长企盼。平地建所，百业待兴，面临人才、经费、技术、装备均甚匮乏的重重困难。但是，一张白纸好画最新最美的图画。在孙大光部长的指导下，刘光鼎副司长坚定支持，亲力亲为，以他的学识和威望，把握办所方向，从人才、项目等方面支持海洋地质研究所的复建。时隔 40 年后，今日的海洋地质研究所，不仅有了一支强大的，召之即来、来之能战，专业学科齐整，老中青相结合的科学技术队伍，有了一大批先进的调查手段和技术装备，有了一个技术先进、门类齐全的专业测试中心，而且也拥有了自己的调查船队，既能开展近海海岸带的地质调查，又可以远航深海大洋，开展国际海域基础地质调查和资源评价。这一切令人瞩目的成就，都饱含着刘光鼎副司长的心血和智慧。

为创办我国海洋地质专业杂志不遗余力

青岛海洋地质研究所复建之初，职工的热情十分高涨。都希望探索出一条新的发展之路，开创一个新的局面。凡是有利于发展我国海洋地质事业的事都想干。学术刊物是推动学科发展的重要推进器。于是，刚刚复建不久的海洋地质研究所就有了创办中国海洋地质专业刊物的想法，得到了刘光鼎副司长的热情赞赏和支持。

1981 年 9 月，《海洋地质研究》杂志创刊，很快在地质界赢得了声誉。1983 年，更名《海洋地质与第四纪地质》。为了鼓励那些勇于拓荒的年轻人，刘光鼎副司长特地为刊物写了一篇热情洋溢的发刊词，表达了他对刊物的期望。他深情地说："希望她成为海洋地质科研的百花园，作为相互沟通交流的桥梁。"一年后，由海洋地质研究所创办的海洋地质科学领域的另一本综合性信息刊物《海洋地质动态》正式出版发行，旨在刊登当今国内外在海洋地质、海洋油气地质、海底矿产、海洋地球物理、第四纪地质、环境地质和灾害地质等及其相关学科的科技进展和发展趋势，提供有关海洋地质新理论、新技术、新方法等信息，报道海洋地质调查、科研和学术活动的消息和动态。2011 年，改名为《海洋地质前沿》。刘光鼎副司长对这两个刊物寄托了热切的期望，亲自为两刊题写了刊名，以表示他对刊物的重视和对年轻的海洋地质研究所的支持。

伴随着祖国改革开放进程前进的我国海洋地质事业获得了突飞猛进的发展，成为世界上最活跃的海洋调查大国之一。国际交往日趋频繁，国际合作与日俱增，国际上要求认识和了解中国的呼声日益高涨。在春风料峭的1988年初，青岛海洋地质研究所与荷兰乌德勒支大学在黄河三角洲合作进行沉积地质学调查。荷兰的同行认为，中国西靠欧亚大陆，东邻西太平洋边缘海，地理位置十分重要，地质现象非常典型。中国的海洋地质工作者在海洋基础地质研究中已经积累了大量的资料，对西太平洋边缘海的形成和演化提出了许多创新性的认识，但在国外却鲜为人知。有必要出版一本反映中国海洋地质的国际性期刊，成为国内外交流的窗口，帮助国外同行更多地了解中国。这一想法引起了所领导和科技人员的共鸣。向局领导汇报后，得到刘光鼎副局长的赞赏和支持。他决定在时机成熟时亲赴荷兰与负责该事宜的 SedCon 公司商谈合作创办英文刊物事宜。1988年11月，刘光鼎副局长应 SedCon 公司总裁、乌德勒支大学教授梁瑞仁（Nio Swie-Djin）先生的邀请亲自率团访问荷兰。经过友好协商，双方达成共识，决定合作出版一本英文刊物。刊物名称为 *China Earth Sciences*（《中国地球科学》），由地矿部石油地质和海洋地质局、荷兰 SedCon 公司和爱思唯尔（Elsevier）出版社合作出版。稿件由中方负责选择和审定，并初步翻译成英文。出版费用由荷方筹措。以介绍和宣传中国海洋地质研究的重要成果，促进国际合作和学术交流为基本任务。杂志由刘光鼎副局长和梁瑞仁教授任主编，设副主编若干名，其中有 MIT 的 John Southard 教授等国际知名学者。刊物封面同时署有中英文刊名。中文刊名由刘光鼎副局长亲笔挥毫题写。他还为首刊写了一篇重要文章，全面介绍了中国海洋地质调查工作的主要成果。首刊于1989年下半年正式出版并向国内外发行。遗憾的是，这一本刊物只出了一期，就因为经费和管理等问题而无以为继了。尽管如此，这期刊物仍在业内产生了重大影响，在其后的一段时间内仍有不少国内外读者询问这本刊物的出版情况。刘先生对海洋地质研究所及其专业刊物的鼎力支持是永远不应忘记的。

时光如梭。转眼间，30 多年过去了。可以告慰逝者的是，由海洋地质研究所主办的两种刊物都赢得了国家的认可和广大同行的赞誉，成为海洋地学期刊的翘楚；依然生机勃勃，并将更上层楼，为中国的海洋地质工作者提供更好的交流平台和更优质的服务。

为中国海区及邻域的地质地球物理编图呕心沥血

20 世纪 80 年代后半期，随着我国海洋地质研究的不断深入，青岛海洋地质研究所逐渐认识到在中国海域开展系统的区域地质调查藉以总结区域地质规律的极端重要性。为此，建立了海洋区域地质研究室，着手对国外的海洋区域地质调查状况进行调研，时刻准备根据国家需求，开展系统的区域地质调查；另一方面，积极奔走申请开展大区域的海域地质地球物理编图的立项工作。1986 年，地矿部石油地质海洋地质局批准设立“中国海区及邻域地质地球物理系列图”项目，由青岛海洋地质研究所组织实施，刘光鼎副局长任主编，朱夏、业治铮院士为顾问。青岛海洋地质研究所和广州海洋地质调查局以及上海海洋地质调查局的一大批科技人员参加了这个项目的实施和研究。项目的总体任务目标就是以全球板块大地构造理论作为指导思想，把握活动论的基本内涵，紧密结合实际，坚持海陆结合、深浅结合、编研结合、地质与地球物理结合的技术路线，系统总结多年来的科学积累，形成一套完整的系列图和说明书，出版一本论文集，推动和促进我国海洋地质科学的发展。

刘先生是中国海洋地质地球物理界的学术权威。对中国海的地质构造和地球物理场特征，有着自己独到的见解。他在项目组的会议上曾经多次指出，要揭示中国陆域大地构造的基本格局，必须深刻认识中国大陆“三横、两竖、两个三角”等7个构造带。“三横”是指天山-阴山-燕山山脉、昆仑-秦岭-大别山山脉和南岭山脉，是不同块体的结合带；“两竖”是指贺兰山、龙门山脉和大兴安岭-太行山-雪峰山脉，乃是两个巨大的重力异常的梯级带；两个三角是指柴达木-祁连山和松潘-甘孜两个地块。这些大型构造单元之间的边界都是物质和能量交换最活跃的地方，也是最重要的成矿带。

至于中国海陆的大地构造演化规律，刘先生用“一个分界、两条锋线、三次变格、四条转换断层和五幕演化史”来深入浅出地加以总结。

一个分界就是印支期或印支面，是古全球构造阶段和新全球构造阶段的分界线。

两条锋线就是分别位于中国大陆的东西两条构造形迹。西部锋线是特提斯域多次启闭的构造形迹，东部锋线是指太平洋板块改变扩张和俯冲方向而留下的构造形迹。

三次变格依次包括，随着南大陆北上的羌塘地块与塔里木碰撞形成的时代为 T_3—J_1 的澜沧江-金沙江缝合线；冈底斯由南北上与羌塘碰撞形成的时代为 J_3—K_1 的怒江-班公湖缝合线；印度随南大陆北上与冈底斯相撞形成的时代为 K_2—E_3^2 的雅鲁藏布江构造缝合线。三次变格使中国大陆受到强烈的挤压和改造。西部碰撞造山，地壳急剧增厚;东部遭受侵蚀，继而地壳裂离、拉张，经后来的断陷、沉降形成盆地。最终奠定了中国大陆西高东低的地形格局。

四条转换断层涉及更大的海域。侏罗纪时期，太平洋板块在四条南北向的转换断层之间发育成长。始新世时，转换断层的活动方向转为NW-SE，形成马里亚纳海沟及相应的沟弧盆体系，圈出菲律宾海板块。在菲律宾海板块与欧亚板块之间，发生板缘聚敛，板内拉张，地壳减薄，导致滨太平洋构造域及大量裂谷断陷盆地的形成。

五幕演化史就是将中国海的形成发育过程归结为五个演化阶段，包括陆核的形成，古生代的拼接，中生代的挤压改造，晚白垩世到中渐新世期间，菲律宾海板块的聚敛，欧亚板块东部边缘的拉张和地壳减薄，以及由此导致的一系列断陷盆地形成，以及中渐新世以后，菲律宾海板块俯冲于欧亚板块之下，东海沟-弧-盆体系的形成，被动大陆边缘向主动大陆边缘的转变，和板内的普遍沉降。

在研究方法学上，刘先生也提出了完整的“一、二、三、多”的研究工作方法，这就是“在理论上，以板块大地构造学说为指导，并提出了全球构造活动论和地质历史发展的阶段论；在方法学上，注重于地球物理的综合解释工作，以地质模型和岩石物性参数为纽带，通过地质资料和多种地球物理资料的结合、定性解释与定量解释的结合、正演计算与反演计算的结合和认识过程中的多次反馈，深化对各种地质地球物理现象及其内在联系的认识，从而得出切合实际的结论。这样能够更好地克服地球物理解释中的多解性，使地球物理研究工作始终保持正确的导向。”

刘先生这一创新性的学术思想和科学方法自始至终指导着《中国海区及邻域地质-地球物理系列图》及说明书和论文集《中国海区及邻域地质地球物理特征》研究编纂的全过程，使这一套思想新颖、资料可靠、内容丰富的综合性研究成果成为经典。包含有九种专业图件的系列图和论文集 1992 年 12 月由地质出版社出版发行，包含有 42 种专业图件的图集则在 1993 年由科学出版社出版发行了中文版和英文版。一经面世就在国内外海洋地质学界引起了极大的反响，并为国内外学界广泛使用和引用。1993 年获地质矿产部科技成果一等奖。1995 年获国家自然科学二等奖。

回顾这个项目实施的全过程，我们深刻地领悟到，刘先生给我们留下的，不仅仅是系列图及其说明书和论文集这些科学成果所展现的物质财富；更有他家国天下的高风亮节、锲而不舍的奋斗精神、一丝不苟的治学态度和挥洒自如的道德文风所体现的精神财富。刘先生通过系列图项目为青岛海洋地质研究所等单位培养了一大批科技骨干，成为海洋地质调查研究的中坚力量，发挥着中流砥柱的重要作用。

为促进青岛海洋地质研究所的发展初心不改

尤其使我们不能忘怀的是刘先生即使因工作岗位变动离开地矿系统多年，仍然惦念着青岛海洋地质研究所的发展，眷顾和提携青岛海洋地质研究所科研能力的提升。1996 年，海洋高技术被列为国家“863”计划中的第八个领域，其中的 820 主题是“海洋探查与资源评价技术”。刘院士随即向青岛海洋地质研究所通报了他的构想：中国科学院地球物理研究所拟联合青岛海洋地质研究所等单位合作申请 820 主题中的相关项目。当年 10 月份，双方的科研人员即着手编写立项申请书。1997 年 820 主题正式启动，主题办公室设在国土资源部科技与国际合作司，海洋高新技术研究与开发全面开展。同年 11 月份，双方共同承担的课题“海上油气资源区域快速综合评价技术（820-03-03）”设计在北京通过了 820 主题专家组的终审。课题组负责人是青岛海洋地质研究所的戴春山研究员和地质与地球物理研究所的刘伊克研究员。在刘院士的悉心指导下，经过两个单位的课题组成员 3 年多的潜心研究，于 2000 年年底顺利完成了课题研究和软件测试任务，并一次性通过了主题办公室组织的专家组评审验收。这个项目的成功实施，提升了青岛海洋地质研究所在该领域的研究水平，开阔了研究人员的视野，提高了团队成员的科研能力。

进入 21 世纪，我国海洋地质调查工作快速发展，取得了海量的实际调查资料和数据。为了集中展现中国在西太平洋海域地质调查研究中取得的重大成果，增强我国在国际海洋地质领域前沿的话语权，2005 年刘光鼎先生又提笔给时任中国地质调查局局长的孟宪来同志写了一封信，建议尽快将我国管辖海域地质编图和综合研究工作纳入地质大调查计划中去，有序推进海洋地质编图和综合研究工作，整体提升海洋地质研究水平。他的建议当即得到中国地质调查局领导的重视和支持，2006 年地质编图和综合研究工作被纳入“海洋地质保障工程”，定名为《中国海及邻域地质地球物理与地球化学系列图》。在通过了中国地质调查局由 20 多位院士专家组成的专家组对可行性报告和总体设计的评审后，2008 年项目正式启动。这个项目由刘光鼎院士和时任中国地质调查局副局长的张洪涛研究员、时任中国地质调查局青岛海洋地质研究所副所长的张训华研究员担任项目负责人，项目办公室设在青岛海洋地质研究所。先后有来自国土资源部中国地质调查局系统、中国科学院系统、原国家海洋局系统、教育部所属高校的 20 多个单位 100 多位科技人员参加了编图和综合研究工作。经过近 10 年的努力，全部完成了项目所确定的三套不同比例尺的 27 种图件和说明书的编制，并在 2017 年陆续交付地质出版社，将于近期先后面世。

系列图项目按照刘先生的构想，设计和编制了三个层面的系列图。1∶500 万中国海陆及邻域地质地球物理系列图共 8 种图件；1∶300 万中国海-西太平洋地质地球物理系列图共 9 种图件；1∶100 万中国海域及邻区地质地球物理系列图共两个海区 10 种图件。三套图件在刘先生“块体构造”等一贯的学术思想的指导下，把中国海放在全球体系中考虑，坚持区域约束局部，深层制约浅层和综合地质地球物理地球化学的技术方法，充分吸纳了 1∶100 万海洋区域地质大调查等的资料和数据，成为目前我国海区地质编图包含陆海范围最广、比例尺最大、资料最全最新、系统性最高的成果。刘先生在这个立意高远的项目中，不仅从宏观上设计了项目的架构，掌控项目的方向和核心内容，而且身体力行亲自承担了其中一个课题的具体工作，年届八旬高龄仍伏案工作，使我们真切地领略到“老骥伏枥，志在千里”的风采。这一系统工程的实施，有效地促进了青岛海洋地质研究所和各参加单位相互间的融合与合作，切实地增强了青岛海洋地质研究所科学管理的能力，扎实地提高了参加项目的科技人员的综合研究素质,整体地提升了我国海洋地质科学的水平。

我们回忆了亲历的有关刘光鼎院士的几则故事。盼望这一缕寄托着我们深切怀念之情的馨香能上达天庭，使先生有知。回忆往事，并不是一个轻松的过程。那是锥心刺骨的悲痛。但是以刘先生的一贯磊落和豪侠的风格，他应该并不愿意看到我们总是徘徊在悲戚之中，而是希望我们能够化悲痛为力量，将他未竟的事业推向前进。此刻，天堂中的刘光鼎院士也许正在与老朋友业治铮院士、朱夏院士和关士聪院士把酒临风纵论海洋地质大业，庆贺海洋地质事业的兴旺。斯人已逝，风范犹存。刘光鼎院士虽然已离我们而去，但他对祖国的热爱和对事业的追求，他丰富的学识与崇高的道德风范以及振兴中华的执著依然留在人间。不，其实他并没有走。作为一名才华横溢、具有远见卓识的领导者和科学家，他将永远活在我们的心间。

踏遍青山人未老，几阵风雨壮志酬？
——怀念海洋“863”和刘光鼎先生

孙　清

中国 21 世纪议程管理中心

我认识刘先生是 2001 年，时值“十五 863”也叫“S-863”启动论证之际。“九五”期间，作为海洋“863”的创始人之一，刘先生与一干大师一起，经过艰苦的努力，将海洋高技术纳入“863”计划优先支持领域，开创了我国海洋高技术自主创新的新局面。

我与先生可谓是一见如故，当时我刚刚担任“十五 863”计划海洋资源开发技术主题的执行秘书，他鼎鼎的威名并没有妨碍我们在工作上的交流，而且有两个小小的因素，使我们更加亲近许多，

图 1　作者与刘光鼎院士合影

很快成了很好的朋友。一是我俩都祖籍蓬莱。尽管谁都不是在那出生的，但也算正宗老乡儿，蓬莱尽管小小的地方，但也算是中国海洋历史和文化的一个重要符号，我一直认为拜蓬莱的风水所赐，先生才有与生俱来的仙风侠骨、江湖豪情和海一般广阔的胸怀。二是我俩本科都是物理系的物理专业，尽管我学的那儿大力学通通还给了老师，但与先生之间似乎又多了一些或许是不可名状的逻辑认同。

“十五”的时候，先生已年过七旬，几十年在海洋地质领域的探索和耕耘使他已将中国和世界的海洋纳入心胸，对国家海洋科技事业的发展有沉沉的担当和使命感。他既有战略科学家的坚定信念，又洞悉未来科技发展的蛛丝马迹，且心胸坦荡，直言不讳。为此，每每在“863”计划海洋领域的重大决策当口，先生即挺身而出把握方向和大局。如“十五”、“十一五”规划、“国家中长期发展规划”的制定、海洋技术领域战略目标的论证、重大项目的形成，以及“大型油气田及煤层气开发”重大项目的启动论证。在“大型油气田及煤层气开发”重大项目中期评估期间，年过八旬的先生仍然日夜兼程，冀东平原、普光的大山都留下他健硕的身影和铿锵的话语、郎朗的笑声。

图 2　刘光鼎院士在“863”计划会议上讲话

时间已经过去了快二十年，中国在大国崛起道路上正在应对越来越强烈的来自海洋的挑战。尽管海洋科技快速发展，但强国之路依然任重道远，回首当年，先生关于“构筑中国海地球物理三维立体监控体系，建立海防的‘千里眼’和‘顺风耳’”的睿智之言还在耳边。先生应该属于中国最后一代读经书长大、学贯中西的读书人，满满的家国情怀，情不自禁地表现于工作、生活当中，也成就了 20 世纪 80～90 年代，那个决定后来中国命运的重大决策——“863”计划的诞生，我国战略高技术领域由此得以飞速发展，才有了当今的各种“厉害”。

今天,“863”计划和先生都已经成为过往，我们也已不再年轻。“踏遍青山人未老，几阵风雨壮志酬?”多少年后，历史终将给出答案。

海上生明月

——忆刘光鼎院士

史晓燕

北京市顺义区文化馆

采 访 篇

2004 年仲春，应《中国企业报》主任记者牛春英邀请，决定去采访一位海洋地质学家。院士名曰刘光鼎，是中科院地质与地球物理研究所的一位院士，被称为“中国海洋地质之父”。他是我国最早在海洋里寻找石油的开创者、奠基人。我意识到：此事非同小可，这绝非是一个单纯的雷锋式的人物，也绝非只拥有几个简单的故事。况且，海洋、海洋石油……学中文的我，的确有些孤陋寡闻。多年来，只知道大庆油田，只知道王进喜，而已，而已。怎样去采访？如何去提问？又如何注入笔端呢？！这是一位国家英雄啊!

怀着崇敬的好奇的心情，整整一个月我足不出户，两耳不闻窗外事，一心只读圣贤书：地球物理、海洋地质、新生代、古生代、海相、陆相、矿产资源……生吞活剥，硬生生啃了一大堆借来的相关书籍和资料。

做完了一个月的功课之后，2004 年 3 月 31 日，我们敲开了地质与地球物理研究所刘光鼎院士办公室的门。

简短的寒暄，我们便高效率地交流起来，先生侃侃而谈：“大家称我为‘中国海洋地质之父’，我心里有一种说不出来的滋味，中国的海洋有多大，有多深，有多远，三百万平方千米的海域，我仅仅是一个人，一个 75 岁的人，一个小小的躯体，真是不敢当。”他哈哈大笑，笑声朗朗。“我只是把我的半辈子时间都交给了大海，把我的整个生命都交给了中国的海洋，我今年 75 岁，30 年都漂在海上，中国海我都跑遍了。”他话锋一转：“你看咱们的教科书，只告诉学生我国有 960 万平方千米土地，怎不写上有 300 万平方千米的海域呢？海洋也是国土啊！”我很震惊！耳目一新！

首次采访，获得了如下资料：

1958 年刘光鼎在青岛组建了中国第一个海洋物探队，任队长。最早在渤海开展了地震勘探，率领大家编电缆、做检波器、改装地震仪；

1964 年转战南京海洋地质研究所，做辽东湾调查；

1970 年去湛江，开始北部湾调查，任二海技术负责人；

1975 年，建议开展东海调查；

1976 年南海珠江口地球物理调查；

1978 年，开展南黄海调查，去法国买物探船；

1979 年，去东海物探调查；

1986 年组织编写《中国海区及邻域地质-地球物理系列图》。

行云流水般的几个小时的畅谈，作为要被我笔下书写的人，我首次放下了自尊、自重，排除了自我，仰视着这位不同凡响的近乎传奇的伟大科学家。

时钟指向 12 点，刘光鼎院士要带我们去吃饭，走进“川君府”餐厅，先生表现出了极大的幽默：“这餐厅不错，我们都管他叫‘穿军服’”。一阵哈哈大笑，饭毕，他执意要交费，幽默地说：“平时忙工作，花钱都没时间，今天你们得给我一次机会……”又是一阵爽朗的笑声。

我注视着这位 75 岁的老人，端详着他的举手投足，他像什么？

无疑，他是科学家！是学者，可绝不仅仅是！像先生，像领导，像体育健将，更像一位诗人，一位浪漫主义的诗人……

采访在继续。采访和查阅资料并举。

4 月 6 日访李幼铭；

4 月 13 日访刘光鼎院士夫人宋仲和；

6 月 22 日访探月首席欧阳自远；

9 月 10 日访刘洪，接下来郝天珧、江为为、杨长春、祝靓宜；

9 月 14 日访刘洪臣；

10 月 22 日访广州海洋地质调查局副局长冯志强；

11 月 12 日访北大教授臧绍先；

12 月 19 日刘光鼎院士去北大住院，看望兼采访。

2005 年 1 月 12 日访海洋四号大洋科考第一任首席科学家王光宇；

2 月 24 日访我国早期海洋地震勘探创始人之一陈邦彦；

2 月 26 日去中山堂观摩北京市科协主办的科学经典名片朗诵会，刘光鼎院士朗诵自己的作品《贺新郎·龙二井喜获气流》；

3 月 19 日访教授王家林；

3 月 24 日访我国早期海洋地震勘探创始人之一高哲民；

10 月 24 日访中国地球物理协会理事长陈颙。

采访的人还有很多，包括远在青岛的唐宝珏等人的电话采访。与此同时，我走遍了京城各大图书馆：国图、首图、清华大学图书馆、地质大学图书馆，踏破铁鞋。为借一本书，为查找一份资料，一份详实的数据，为寻找一个哪怕是很小的真实历史事件的记录，为了还原历史，为了如实记载，为了探索中国海洋石油的勘探史，为了追踪海洋地质之父的由来，我们一一拜访邀请了早期的海洋人，这些可尊敬的前辈，不远千里，不惧辛苦，从东南西北来到北京城，叙说了当年的海洋石油勘探史。王光宇、陈邦彦、高哲民向我们讲述了生动的，几乎是惊心动魄的，他们的老师——刘光鼎院士的海洋故事：

海上作业有人能耐三级风，有人能耐五级风，而刘光鼎却能八级大风不晕船，十级台风打不倒！真可谓任凭风吹浪打，胜似闲庭信步！

一次自旅顺到山海关线上作业，突遇大风，狂风引起波狼，巨大波浪从生成区向远处传播扩散，变成了滚动的涌。风浪涌流大到一定程度，船在行进中就会前后颠簸，左右摇晃，无法工作，也不能就地抛锚，只有到营口港去避风，但风浪太大，风浪冲击船只，涌流旋转得厉害，在营口码头上船与码头乒乓撞击，发出巨大声响，无奈只能转去葫芦岛避风，但船开到了葫芦岛，仍是撞击，无法停靠，于是只好再次启航开往秦皇岛。推波助澜的风，惊天动地的浪，船身剧烈摇晃，随时都会被海水吞没，那幅景象，实在是惊心动魄，船头仰起时，船尾就扎下水底，船头落下时，船尾又高高扬起。几米高的浪花打在船舷上，风声、涛声、波浪声，大家不断发出的惊呼声，全船人似乎觉得死神就在身边，末日随时都会来临……船的正常行驶速度是每小时 14 海里，可从葫芦岛到秦皇岛 88 海里的距离，“汾河”号却行驶了 14 小时。那是一种叫人无法想象的场面。就连训练有素的海军官兵，都统统晕倒，吐完了食物，吐出了胆汁，脸全变成绿色、灰色。船长指挥时端着一个脸盆，说两句话便哇的一下，吐到端着的脸盆里。舵手旁边也放着一个脸盆，吐，吐，吐，全船上下一直吐，船上多人已经东倒西歪，刘光鼎却在一个舱室里躺着看小说。看饿了，就去厨房找饭吃，可那时候没有人想吃饭，也没有人能做饭，刘光鼎只好找来饼干，一边看小说一边吃，同船的人都调过脸去，因为晕船的人看到别人吃东西就会更加想吐……

听着他们的讲述，我不由地感叹！他是为大海而生么？他是为中国海洋石油而生么？

再举一例：关于东海，刘光鼎院士更是倾尽了心血。

早在1968年，联合国的一份报告就称东海是另一个波斯湾，是第二个中东，有着惊人的油气储藏。在1975年，在外交部，地质部没有明令允许的情况下，刘光鼎就和上海海洋地质调查局的同志一起，富有创见地组织了东海早期的石油勘探，得出了盆地面积大，沉积厚度大的结论。此时，日本也在觊觎东海的石油，我们中国必须先下手为强，抵制日本的侵占阴谋。刘光鼎等人通过内参形式，上书中央，迅速勘探了东海石油。

海洋早已是世界斗争的主要场所，焦点在于争夺以石油为主的海洋资源和控制海上航线。此后，又请示中央，出国买船，补充设备。刘光鼎一行八人，飞往法国巴黎，经过无数周折，把戴伯尼·E.帕蒂号的美国物探船买回。此后就是布井位，占平台。七八十米的钻塔，直径一米，一百余米的三条钢腿，穿过百米水深插入海底，五百多平方米的平台，三百多台机电设备，一百多名技术人员和工人。一次台风突袭，刘光鼎被台风撂倒，险些被吹下平台，他用力蜷缩四肢，头部紧贴平台，又设法伸出右手，抓住工作间的门，才保全了自己。

到此，我的眼前似乎是海水汪洋，奔腾四溢，从远方，从天边，奔涌而来，绿色的，蓝色的，灰色的，白色的……刘光鼎这位神奇的海洋人，从辽东湾的十级台风吹不倒，到东海平台遇险，险些丧生，他都战胜了。我眼前的这位院士，这位地质学家，他是什么呢？天生的从海洋中来，到海洋中去？他是大海之子，也是真正的海洋地质之父吗？

关于东海，刘洪研究员说，东海最早就是因为刘先生的部署，才使中国有了今天的主动，在海洋争端上，日本没有资料，感到被动，他们觉得吃亏了，但在中国，刘先生就用地震、磁力、重力搞清了盆地的深度，掌握了第一手材料。

原广州海洋地质调查局副局长冯志强说：“东海的奖，应该刘先生挂头。”

采访当中有一个非常难忘的小故事：东海出油了，此时刘光鼎正在中央党校哲学班学习。一天晚上，许宝文拿着两个瓶子进来，那是出自东海的两瓶轻质油。“平湖一井”终于突破了东海的出油关。十年了，朝朝暮暮，日日夜夜，刘光鼎终于如愿以偿！眼泪再也控制不住。索性不再控制，不再掩饰，一任它热泪长流……泪毕赋诗一首：

踏莎行

黄橙交映，
两瓶清油，
咋看喜极泪双流。
一钻揭开东海迷，
请饮大杯丰收酒。
西湖海底，
碳氢层厚。
妖娆美胜珠江口。
点点灯火碧波间，
天骄奋斗虎贲抖擞。

岂止是东海？为南海，他曾多少次彻夜难眠；为黄海，他曾多少次寝食难安！祖国的四大海域都在他的心里，都是他的生命！

采访在继续。

刘光鼎院士在 20 世纪 70 年代，曾参与筹建了上海同济大学海洋地质系，他邀请好友朱夏、业治铮克服重重困难，为该校、该学科的建立立下了汗马功劳。

采访在继续。

1980 年奉调回京，任地质矿产部海洋地质司副司长。

1989 年，被任命为中国科学院地球物理研究所所长。刘光鼎说：

我不适合做领导，我也不愿意当所长，但我是共产党员，我是好兵帅克，党指向哪里，我就打向哪里。

此前的1989年6月15号，地矿部刚刚通过刘光鼎倾注无限心血的《中国海区及邻域地质地球物理系列图》，朱训部长找他谈话，让他去曼谷任亚洲近海联合勘探协调组织的高级专家，而刘光鼎拒绝了，拒绝了3.5万美元年薪、有高级轿车的联合国官员的美差。他到地球物理研究所走马上任了，因为他心里装着祖国。

当然，接下来的是一首胜利的所长之歌。经过几年的努力，拨乱反正，找准方向任务，解决所内人员住房问题，关注青年人，让他们尽快成长。这是希望之所在。他向全所提出，“四大中心，四大课题”，有课题可以研究，有房子可以居住。为此刘光鼎费尽了心机。终于，房子有了，课题研究成功了。在分房子那天，在楼道里，有几个小青年，碰上了刘光鼎，毫无顾忌地抱住了刘光鼎，狠狠的亲吻了一阵。

国家地震局陈颙院士说：1976年唐山大地震之后，从中科院的地球物理研究所分出去一个属地震局领导的地球物理所，一个变两个，把主体部分都给了地震局，只把一颗种子留在了中科院，刘先生接手时，中科院的地球物理所仍然是一颗种子，可后来，这颗种子，在刘先生的培育下发芽，结果，成长壮大。中科院院长周光召高度评价说：“一个人救活了一个所。”

历经三年多的采访和撰写，三十多万字的纪实作品即将完成，我在语言大学任教的小弟史大鹏为刘光鼎院士拍了封面照片。2008年10月我将第三稿的打印稿呈送给先生。先生拿着厚厚的一大摞，笑着对我说：“写得真不错！一个学文科的，这么短的时间，把我这一辈子的东西都表达出来了。专业知识也叙述得很准确。真不简单！真不简单！有的地方比我带的研究生说的还准呢！”此刻，一切辛苦奔劳统统化为乌有。

2008 年 11 月，刘光鼎院士的传记《天降大任有斯人》正式出版，销量可观，我如释重负。说句心里话，丝毫不夸张，丝毫不粉饰，我真的很认真，空前的认真！在尊敬和崇拜中，在关心和热爱中，书写着每一章，每一节，每一个字。

多年来，写过诗歌，散文，小说，但只因为采访了刘光鼎，书写了他的传奇一生，才知道了何为海洋地质，何为地球物理，也才知道了石油是怎么来的。从此，心里多了一个为国献身的人，多了一份牵挂，一份惦念，更多了一个榜样！国之栋梁，人之才俊，像尊重父亲一样尊重他。访完了人，写完了书，我和先生也开始了酷似两代人的亲情般的交往，他比我父亲小两个月，我称他刘老，有时也称先生。

访 后 篇

读者常向我提及刘光鼎院士，说他的成功，论他的才华，赞美他完美的人生，是的！论及人的一生，一言难尽，有句话说，科学没有国界，但科学家有自己的祖国。一个有成就的人，首先应该贡献于他的国家，在先生学子时代去陕西实习时，是怀揣着原子弹的梦想去的。美国的两颗原子弹结束了第二次世界大战，让日本军国主义全军覆没，让日本广岛和长崎的土地成为焦土。为了祖国的强大，为了人民的安全，年轻的刘光鼎，立志要研究原子弹，而指导陕北实习的我国著名的石油地质学家陈贲却改变了刘光鼎的一生，陈贲说：一个国家要强大，首先要发展，要全方位的强大，即便有了原子弹，但其他方面仍很落后，国家的综合国力还是得不到提升，国家仍然不能从根本上强大，目前国家最急需的是石油，没有石油就等于贫血。年轻的刘光鼎幡然醒悟：我们的国家幅员辽阔，矿产丰富，要有人去发现它，寻找它。再说，没有石油，原子弹谈何爆炸？！这次谈话，刘光鼎放下了原子弹梦想，为了祖国去寻找石油，为了祖国的石油事业去贡献自己的一生。一个多么崇高的伟大的灵魂。一个把全身心交给祖国的人，一个绝好的完美人生。

我也时常想起先生完美的爱情。夫人宋仲和，是北大物理系主任，上学时成绩优秀，品行端庄，“文革”时先生被困南京，挨斗游街，夫人冲破重重阻力赶往南京，陪斗挨打，没有住处，深更半夜两个人只好在大街上行走，即便是这样，夫妻二人也是互相支撑，对祖国怀着美好的憧憬。作为亲自采访的作者，我永远都不会忘记，先生在“文革”中的精彩表现，他被穿上黄马褂，被游街，被站在台上按头，在一次批斗会上，一个造反派上来就要动手打人，先生急中生智，为了保护自己，也为了教育那个穷凶极恶的造反派，为了让他知深浅，少伤人，先生伸手一拽，仅轻轻使用了一个“怀抱琵琶”的太极动作，那个造反派就像纸人一样被拿了起来，先生再一松手，他就被摔在了地上。从此造反派望而生畏，再也不敢动手动脚了。

更让人叫绝的是，在“文革”进行得轰轰烈烈的时候，先生竟从造反派的眼底下充满智慧地返回北京，回忆那段岁月，他说：“我有太极功夫，造反派不敢再打我了，可是太无聊了，时间都浪费了，研究没法搞了，我要回北京，哪怕躲到图书馆里去看书呢。”逃跑的故事异常生动幽默：一个炎热的中午，三个造反派看着刘光鼎一人，刘光鼎说，借一支烟抽，再借一支抽，再借一支，三支烟过后，造反派烦恼地一挥手，自己买去吧……此时的刘光鼎迅速走出大门，飞快地拐了几个弯，确定身后没有造反派跟踪，坐上了从中山陵开来的公共汽车，又在大行宫下了车，几经辗转一路逃回北京。

虽然他损失巨大，一家人也曾万分痛苦，但每逢谈及“文化大革命”时，他总是心态平和，没有激烈言辞，即便谈到打他的造反派时，他也只是平淡的一笑：“事情没有一帆风顺的，国家也一样。

没有什么不能理解，我永远属于祖国。”多么博大的胸怀！

还有的读者向我提起，刘光鼎院士真是能人、才子，能打太极，有著作，还能写诗填词，怎么还爱看武侠小说，读金庸作品！每逢人们谈论至此，我也会自然而然地想到一个词“完美人生”，一颗赤诚的心交给祖国，一身卓越的本领彰显了自己。然而完美人也是需要毅力的，仅举一例，自打年轻时认识了朱夏、业治铮，三个人就成了酒友、烟友，工作太累，研究太辛苦，也的确需要烟的慰藉。话说 20 世纪 80 年代的旧金山，刘光鼎去开深海大洋钻探会议。宾馆里的晚上，刘光鼎拿出一支烟，刚一打火，警报响起来了，警察进来了，不许吸烟。是的，在美国宾馆里是不许抽烟的。刘光鼎狠狠地把烟掐碎，从此与烟断绝。回国后一盒盒的万宝路都送了人。因为他要常出国，去学习，去做课题，索性把烟戒掉。如果连烟都戒不掉，还能干什么事，还谈什么为了祖国！

的确，这样全才的人真是凤毛麟角，学地球物理的去搞海洋，且成绩斐然。太极打得耳边生风，诗词写得精彩绝伦，金庸读得滚瓜烂熟，毛笔字写得苍劲有力。

读者常谈，我也常想，这样的人生实在是太精彩了，太完美了。

无疑，他是我们学习的榜样。

唯有两点，是先生认为自己不完美的。一个是年轻时自己在海上漂泊三十年，航遍祖国渤、黄、东、南四大海域，却苦了他童年的一双儿女。夫妻二人只好把孩子放在天津的姥姥家。另外一个不完美，就是先生自我戏谑地喝酒，喝大酒，喝高度的酒。先生常常引以为豪地说：“我父亲就是酒仙，国立青岛大学的酒中八仙，其中就有我父亲刘本钊，还有梁实秋、闻一多、蔡元培、杨振声……著名的酒中八仙。”说到此，先生就哈哈大笑。

记得传记写完之后，每每和先生通电话，或先生打过来或我打过去，也偶尔谈及先生的饮酒，我笑着问他：“刘老，您还喝酒么？

我这里可有好酒。”电话那头，先生笑呵呵地说：“老太太不让喝（老太太既指夫人宋仲和），老太太是好心，我应该遵旨。”哈哈一阵大笑，我把电话打给了跟随先生几十年的司机宝林，询问先生的酒况，宝林说：确实喝得少了，我们都跟着，在旁边保卫着……我说，既然还喝，反正也喝，我去时就把酒带过去啊！朋友送给我的，九几年的，高度北大荒老酒，东北名酒。几天之后，满满一箱 20 瓶放到车上拉过去了，先生又是一阵哈哈大笑，随口吟诗：明月几时有，把酒问青天；我接下来：葡萄美酒夜光杯，欲饮琵琶马上催；先生一脸俏皮，像个中学生；曹操怎么说？我和先生一起背：对酒当歌，人生几何，哈哈哈哈……后来我的一个学生在贵州开店，出售茅台酒厂出的各类酱香酒，我也源源不断地输送给他，我知道他不多喝，且有人陪伴，多是大家替他喝，他有一群好弟子。郝天珧、江为为等人都跟随左右，他们对先生都是一种父亲的爱，我多次都被深深地感动。

2015 年以后，发现先生日渐消瘦，我就经常带着儿子大壮去看他，给他以安慰，让他知道有很多人崇拜他，关心他，还时常给他带一些红烧肉，郊区的玉米小米。

余音绕梁，曲终人不散

2018 年 8 月 7 日晚，我和儿子从莲花山果园采摘回来，准备一两天把水果带给先生，顺便看他，走到 26 号楼时儿子手机叮咚一响，一条新闻推送，刘光鼎院士逝世，我和儿子把果篮放在了地上，惊愕了许久许久，暑假初期，本想去看望先生的，知道他身体状况不佳……但无论如何也没有料到这一天来得这么早，如此的八月七日，如此的先生生命的最后一天。

回忆像潮水一样一波波涌上心头，上次见面是 2018 年的 1 月

24 日，我和儿子大壮同去，正逢郝天珧主任的学生结婚，约我们同去吃饭，但我们没有去，一是忙，家中有 90 岁老母，二是也不愿充当不速之客，给郝主任添麻烦，眼看着江为为搀扶着先生下楼，我随在身后，用手机拍了几张照片，在楼下，和先生告别，和大家告别。看着先生颤巍巍地上车，我和儿子也开车走了，那一次竟成永诀。留给今天的，就只有回忆，只有遗憾，只有心痛了。

原本想，让学影视摄影与制作的儿子给先生做一个片子，早就想让摄影大咖董占东去给先生拍几张照片，还有几箱好酒给他和他的弟子们留着，还想让先生写一幅字，还曾想等天凉一些扮演一次宝林的角色，开车拉着先生去趟地坛公园，寻找他当年练太极的地方。2013 年以前，地坛公园的四季书市，我次次到场，一边购书，一边寻找先生当年练太极拳术的地方。

越想越远……

想起宝林曾带先生来我家，他们去乔波滑雪场开会，宝林把先生放在我居住的马坡花园，又去接别人了，我和先生聊了一会儿，给先生榨了西瓜汁，现在回想起来，我是何等的愚蠢，先生有糖尿病，怎么能喝甜果汁呢！

越想越远……

在 2005 年采访时，在先生的办公室，谈起先生的书法，先生从里屋拿出一副他写的字，让我看，让我欣赏，我看了几眼就放在了桌子上，过了一会先生又拿回屋里去了，我现在设想，先生肯定是愿意我把字留下。回想起来，先生把字拿回屋里的那一刻，有些悻悻然，我是多么不懂事！

不想再回忆，不想再写了。

2018 年 8 月 13 日，我带着儿子来到八宝山东厅与先生告别，目睹长长的告别队伍，看到了一张张脸上悲凄的神情，我又想起了他无比高尚的人格魅力，又想起了当年采访时的一个个情景。

王光宇反复对我们说：“谈中国海，谈刘先生，你们一个电话我就过来，我从广州立刻飞到北京。”

同济大学的王家林教授在采访时多次表示，你们来上海，我接待你们，来同济大学看看，来看看刘先生当年曾付出过、工作过的地方。

还有厚重的语速缓慢的欧阳自远，说：“刘先生是不可多得的人才，为国家他奉献了自己的一生。”

我又想起了先生八十大寿的宴会上，郝天珧主任搀扶着他，在大家中间走来走去，先生和大家问候打招呼，当先生走到我的桌边时，我说：“90 岁还在这里见！100 岁才是您的目标，先生满脸笑容……”

活生生的先生走了，可亲可敬的长辈走了，一去不复返了。生命只有一次，死而不能复生，我把悲痛锁在了心里。

大家排队走过先生身边，一一向他告别，我带着儿子，向他走近，据说天边有天堂，人死后会去天堂。我突然想起了先生的好友，被业内称之为海洋地质三剑客的朱夏、业治铮，我的心里略略感到欣慰，我俯下身，对先生说：“刘老，您慢慢地走，一路上别太累，朱夏、业治铮在那里等您，您不会孤单。您的生命在我们这里逝去了，会在那里获得重生。事物是互相转化的。这边失去了您是坏事，但在天堂却变成了好事。我们忍痛舍去您，朱夏、业治铮在那里欢迎您。三剑客，三聚首，一块儿喝酒，一起抽烟，天堂那里不禁烟，茶余饭后在一起，说海洋，说石油，一起搞研究，一起说勘探。您不会孤单，那边的生活一定很幸福。”

队伍很长，我不能再说了，我一边走，一边在心里说，先生您走好，您的灵魂一半去了天堂，一半肯定留在了海里，中国的海洋里尤其是渤海海域，您战斗时间最长的地方，每年的夏天，我会驱车到那里去寻找您的身影。我相信，在太阳升起的时候，您也会和太阳一起浮出水面。我们会向您招手，向您致意，您会永垂不朽。

所幸，您的采访录音都还在，所幸，在您日渐消瘦的2016年，与您的一张合影还在。

尊敬的先生，再见了！

我相信曲终人不散，余音仍绕梁，正像郝天珧研究员说的，先生走了，我们还是朋友，先生的精神永存，先生的音容笑貌还在！

此时，夜已深，稿件写到结尾处，内心又涌起无限波澜……无论说什么，写什么，先生毕竟走了！为祖国海洋石油做出巨大贡献的刘光鼎院士毕竟成为了虚拟，他确确实实不在人间了！我不由走出室外，万籁俱寂，我仰望天空，我凝视大地。忽然远处传来哗哗的水声，声音越来越大，更似惊涛拍岸！怎么会呢？我这是在陆地，在平原，在北京。是幻觉么？我不知所措，在我面前，分明涌来了一波波海水，而且是从不同的方向来，从渤海，从东海，从黄海，从南海……接着神奇的一幕出现了：刘光鼎院士从海水中缓缓走来，微笑着招手，此时，一轮圆月也浮出水面，升上天空。海上生明月！明月此时有！中国的海洋地质之父——刘光鼎院士和月亮交叉重叠，时隐时现，恰似人间仙境！惊呆的我不知所措……

本打算今年暑假去葫芦岛，去先生早年寻找石油的地方，在那看海上的日出，在那去寻找先生的身影，但今天，夜深人静的此时此刻，我竟然看到了大海，看到了海上升起的明月，看到了刘光鼎院士。

我不相信这是幻觉，我相信这是真实的客观，真实的存在！我双手合十，深深的叩拜！叩拜！再叩拜！

我转身回到屋里，坐在电脑前……

文章就此打住。

纪念刘光鼎先生

朱伟林

中国海洋石油总公司

“滚滚长江东逝水，浪花淘尽英雄……”每当听到这首气势磅礴的诗词，刘光鼎先生的伟岸形象、音容笑貌就出现在我的眼前。或者说，每当想到刘光鼎先生，我的心中就涌起长江奔腾、浪涛拍岸的豪情。

刘光鼎先生学贯中西，精通英俄，足迹遍及五湖四海，研究涉及多门学科，是我国海洋地球物理的奠基人和学术泰斗。他不仅治学高屋建瓴，学问博大精深，而且仗义执言，高风亮节，堪称科学界的大师、生活中的大家、人世间的大侠。

几十年来，我与刘先生多有交往。虽然先生离我们而去了，但先生的谆谆教诲仿佛还在耳边，先生的远见卓识还在指引我们向前。兹记录点滴往事以表示对先生的深切缅怀和追念。

同济师生情谊

初识刘先生，那是四十多年前，当时我刚刚考入同济大学海洋地质系学习。“文革”刚过，在全国拨乱反正、基础研究百废待兴的背景下，同济大学海洋系一无经验，二缺师资。刘先生毅然应邀担任海洋地质系教授并兼海洋地质研究所所长，不仅构建同济海洋学科的发展方向，还身体力行，参与了教学及科研工作计划的制订，并走上讲坛亲自授课。正是在他的力邀和感召下，草创时期的同济大学海洋系迎来了朱夏、业治铮、叶连俊等大师，我和我的同学们也有幸在刘先生等大师们的直接教导下开始了我们的海洋“第一课”。

和刘先生结下的同济师生情谊历经四十多年的岁月沧桑，历久弥新。这些年来，先生激情飞扬的讲课风采还常常闪现在我的脑海中，先生的家国情怀已深深印刻在我记忆的最深处。

“大海扬帆天地阔，云涛荡漾好唱歌” ，这是刘先生 1972 年所作的“狂想曲”中的两句。我和我的同学们正是在刘先生的悉心指导和精神感召下开始了我们的奋斗历程和事业探索。在广阔的天地之间，在祖国的蓝色疆土上，扬帆远航，高唱求真开拓奋进之歌。

饮水思源，如果说我们这一代同济海洋人的点滴成绩来源于同济百年积淀的雄厚根基，那么我们也时刻铭记刘先生为同济大学海洋系的建立与开拓做出的巨大贡献，为同济大学海洋系的发展和辉煌倾注的汗水与心血。更重要的是，刘先生为我们同济大学海洋人竖起了一面旗帜，使我们在各行各业都能够有独立的思想、独到的见解、独特的专长，从而“笑傲江湖”，寄情于事业的“海阔天空”、祖国的山山水水。

海洋勘探情节

再遇刘先生，成为我海洋勘探事业的起点。1982 年大学毕业后，我来到了初创的中国海洋石油总公司从事海洋石油勘探研究工作，所幸的是刘先生也从上海调到北京的中国科学院地球物理研究所。于是，我又有了继续向先生求教的近水楼台之便利。

记得 20 世纪 90 年代初，我和国内几位专家参加了先生担任团长的国内学术代表团，应邀到美国斯坦福大学参加东海盆地油气资源研讨会。会议期间，和先生接触更多。先生对东海盆地油气盆地的见解不仅受到与会专家的高度赞赏，也使我茅塞顿开、深受教益。茶余饭后，先生谈起东海盆地的构造命名更是谈笑风生、如数家珍。断桥、残雪、天外天……诗词、掌故、历史传说，先生上知天文、下通地理，将文化艺术与海洋勘探融于一谈，令我对先生的渊博知识窥见一斑。之后，由于工作关系，和先生的联系也日趋紧密。我也知道，先生对我的特殊关切不仅仅是对我个人的关心和偏爱，更是先生对同济大学海洋系的殷切之情、对祖国海洋油气勘探的特殊情结。

先生关于“三横两竖两三角，岩浆成矿布局活。油气聚藏盆地里，更有残盆待探索”的一系列理论，石油工业“二次创业”的重要论断和实践，在不同的时期都给了我很大的启发和指导，对指引我在海洋石油勘探事业上的成长起到了关键作用。

蓝色疆土情怀

结为忘年交，情系蓝色疆土。21 世纪初以来，我开始主持对南海深水油气勘探的产学研联合攻关，尤其是 2009 年主持了南海深水油气基础性研究的“973”项目后，先生更是给予了不断的鼓励和不懈的支持，他亲自担任项目的指导专家，为项目的每一个重大环节出谋划策。先生高瞻远瞩，给予了很多全局性和方向性的中肯指导，为加快南海深水油气勘探开发提出了真知灼见。其中最让我难以忘怀的是先生灵魂深处的蓝色疆土情怀。每每谈及南海中南部传统疆域内油气被周边国家疯狂掠夺的现状时，先生无不为国家主权和海洋权益被践踏而痛心疾首，甚至拍案而起！

先生还在不同场合多次呼吁，要从根本上加强对海洋蓝色疆土的宣传和教育，必须彻底改变中国地图的编绘方式，应将南海海域传统疆界直接绘制在中国地图大陆部分的南端，将以往东西长、南北短的中国地图框架改变为东西长、南北也长的新格局，绝不能再仅仅以南海及诸岛附图的形式单独绘制在一个角落里，以南海作为最强烈的视觉第一冲击视为中国疆域不可分割的一部分。希望先生的这一遗愿能早日实现！

回顾先生的一生，何尝不是这样侠义正直、奔走呼号、求真唯实、铮铮风骨的一生！回顾先生的一生，何尝不是这样博学儒雅、虚怀若谷、淡泊名利，不唯权、不畏上的一生！

天降大任有斯人，神州有幸得光鼎。作为晚辈，作为先生的忘年之交，向先生学习是我终生持续的追求，继承先生做人、做学问的精神财富将是我今后不懈的奋斗目标。这也是我们纪念先生、追思先生的意义所在。

师　道

——忆恩师刘光鼎教授

吴健生

同济大学

戊戌年立秋之日，正是酷暑刚过，金秋即将来临，在高质量发展思想指引下的中国地球科学界和海洋科学界正在对标世界最高标准创新发展，海洋地质与地球物理研究正在酝酿着新的突破，前新生代海相油气勘探刚刚揭开帷幕，综合地球物理研究正在深入，多少青年弟子正欲投身门下……在您最能焕发“银烛灯光”之际，在社会和科学最需要您的时候，您——我敬爱的导师刘光鼎教授，却永远地离开了我们。

您走得好快，仿佛是一棵饱经风霜的大树在岁月和病虫的剥蚀下怆然倒下，匆匆告别了您深爱并为之奋斗半个多世纪的地学大业，告别了您眷恋着的儿女亲友与门生故旧，告别了人世间的扰攘和喧哗，带着您特有的豪爽和诗情、精深的思辨和发展的眼光，带着未及实现的宏愿，遽然仙去了。但我知道您是一颗遨游天穹的陨星，在坠落前一定仍熠熠生辉。

望着先生遗留下来的论文和著作，我脑海中总是浮现出您那慈祥的笑容，耳边总是回响着您那爽朗的笑声和殷殷的教诲。多少次，我暗地里流下悲怆的泪水，多少次我在心底里为失去可敬可亲的恩师而哭泣。

作为同时具备哲人、诗人、侠客和君子本色的学者，您的博大精深是远非才疏学浅的后学所能系统叙述的，在此仅想根据初次拜师切身的经历和体会，在这有限的篇幅里，论述一下您在教书育人方面的一些特色，以示所有为人师表者，并以此来告慰恩师的在天之灵。

1977年恢复高考制度，作为应届高中毕业生的我有幸参加并通过高考，就读于山东海洋学院海洋地质系地球物理勘探专业。1981年初夏，正在为假期赴上海海洋地质调查大队出海实习做准备，在学校广告栏里看到同济大学海洋地质学硕士点将招收“中国海地球物理场综合研究”方向的研究生，导师是刘光鼎院士，当时招这个方向的研究生全国独此一家。

经过考试，在18位考生中录取了我和长春地质学院的杨春道同学。1982年，在迎春花盛开的日子里我们走进同济大学，开始了硕士研究生的学涯。那时先生是地质矿产部海洋地质局领导，工作在北京。大约在开学后一个多月左右，先生恰好到上海开会，专门挤出半天时间来与我们见面。

第一次见导师，说不紧张那是假的，据说有位学生初次见导师身上穿的衬衫都湿了3遍呢。为了争取主动，我和杨春道商量着多提些问题，并分头做了准备。

到了锦江饭店，随着房门的打开，一位魁梧英俊、充满活力的学者出现在我们面前。带我们过去的肖一鸣老师先介绍了我们两人的基本情况，等到要我们发言时，我们一紧张把准备的问题都讲反了。先生为了消除我们的紧张，先就着他正在阅读的《射雕英雄传》与我们分享了金庸小说中的人与事。慢慢地，话题转回来，先生详细了解我们在大学期间学习的课程和本科毕业论文完成情况。我们那时对地球物理的认识只停留在应用地球物理的粗浅层面，开口闭口都是重磁力异常。先生告诉我们作为物质的地球，有其物理性质，地球物理场相随相伴。地球物理异常只是地球物理场特征的一个方面，是个相对的概念。

先生结合自己的 25 年来的经历谈了中国海洋地球物理调查和研究队伍的发展壮大、中国海的勘探历程和调查现状，强调搞地球物理要为国民经济服务，地球物理是个实践学科，数据需要到现场观测；指出个人的生活兴趣、科学上的意义以及国家建设的需要这三方面要相互结合，但国家的需要高于一切，围绕国家建设的需要调整其他两方面的内容。您告诫我们不要为社会上暂时的风气左右自己的人生追求，要学会在逆境中忍耐，在磨难中把握自己、坚信未来。

您强烈地批评某些人国土只有九百六十万平方千米的狭窄陆地观，强调指出我国不仅有九百六十万平方千米的陆地，更有三百万平方千米的海域，那里更是寻找国家战略物资——石油等资源的重要场所。

您给我们介绍了朱夏院士，业治铮院士，谈了您们 3 人到同济大学海洋地质系兼职情况和学科建设发展规划。先生认为搞地球物理研究要面对解决地质问题，不能搞数字游戏，只有与地质相结合才有生命力。

您强烈地批评石油物探只有地震勘探加计算机的观点和做法，指出没有战略观，只希望海洋物探提供“一钻见油”的孔位，是不现实的。先生认为：石油天然气勘探问题，实质上可归结为对含油气沉积盆地的研究。而油气沉积盆地是一种构造形式，因此，地球物理的任务就是阐明盆地的构造形态和物质的分布状况，进而研究盆地的时空演化过程，并揭示其含油气性。完成这样的任务，必须依赖多种地球物理方法。只有研究盆地的演化过程，才能认识盆地的成因，而要研究这种过程，则不仅要有沉积的信息，而且还要有基底内幕的信息。但是，不同的地球物理方法探测这些信息的能力均有其局限性。换个角度说，地球物理方法像是盲人摸大象，可能摸到象的鼻子，可能摸到象的肚子，可能摸到象的尾巴，更可能摸到象的一条腿。只有做完综合分析，才能知道象的全貌。所以，只有发挥各种方法之长，综合运用，才能获得良好结果。方法的综合运用宜置于一个系统中进行，解释的最终结果应力求转换成地质信息。中国海有其独特的地球物理场，认识这一地区的地质构造更需要对其地球物理场做深入研究。先生这么一讲，我们对“中国海地球物理场综合研究”有了初步的认识。

当然，对先生谈到盆地、盖层、基底等地质名词时，我们这两位学物探的学生都是一头雾水，可先生丝毫没有责怪我们学得浅、知识少，只是要求我们要重视地质知识。“中国海地球物理场综合研究”是要培养懂地质的地球物理学工程师。因此，在我们培养计划中学习的课程要有板块构造学、海洋地质学等地质课程。为了加强我们的地球物理基础，先生还提出我们培养计划中学习的课程要有重力学、地震学、地磁学，并答应亲自为我们开设地球物理场综合研究系列课程的若干讲。

谈到论文工作，先生要求我们聚焦在南海，培养计划中要有一次结合论文选题到生产单位实习的安排，向生产单位经验丰富的前辈学者们求教取经。先生不强求规定论文研究的具体内容，鼓励我们在论文选题、研究中大胆设想，不囿成规，但在研究中要细心求证，求真务实。

结合金庸小说《射雕英雄传》中的人与事，先生提醒我们要对自己有一个正确的认识，不要将自信和自负变成自大。告诫我们既要有大科学的概念，又要有自己的专业，在广博的基础上力求专深。鼓励我们要动手实践，敢于创新，形成自己风格。

那年秋天，先生再一次来到上海，住在同济大学专家楼，亲自为我们讲授地球物理场综合研究，从介绍朱夏先生的油气地质理论、“变革运动”和中国油气勘探现状和问题入手，进一步介绍地震勘探的发展，中国海洋地球物理观测技术的发展、勘探现状，应用综合地球物理方法研究盆地的必要性，随后结合案例从研究问题的出发点，到综合地球物理方法取得构造剖面的途径，沉积基底内幕的研究讲授了沉积盆地的综合地球物理研究，讲解了地球物理成果的地质解释。这些讲课内容先生后来写成论文《油气沉积盆地的综合地球物理研究》，发表在《石油地球物理勘探》刊物上。

回忆先生对学生的恩情、先生的人品、学问，不禁涔涔泪下。古人有“薪尽火传”之说，作为您的学生，当相互勉励，与学界先进一起，接过先生遗下的学术思想和为人之道，用自己的努力和成果来告慰您的在天之灵。

深切缅怀刘光鼎先生

易维启

中国石油勘探与生产分公司

与刘光鼎先生结缘始于 1988 年。

1986～1987 年，我在大庆油田勘探部从事深层天然气勘探工作，当时同济大学王家林老师带领专家在大庆开展松辽盆地深层综合地球物理研究，在与王家林老师的合作与学习中，深知综合地球物理理论与方法在油气勘探中的重要作用，同时也深深感到自己综合地球物理知识的匮乏，求知欲十分强烈。得知刘光鼎先生在同济大学招收综合地球物理方向硕士研究生后，激动的心情难于言表。经过艰难的努力争取，在王家林老师的推荐与帮助下，有幸于 1988 年 9 月成为刘光鼎先生的正式硕士研究生，从此与刘先生结下了不解之缘。

刘先生不仅是著名的地球物理大家，也是出色的勘探家、战略家！他用综合地球物理理论与方法，指导我国一系列的油气勘探、金属勘探取得重大突破；为地球物理在军事领域发挥作用建言献策，他从科学发展问题探讨国家发展问题，对国家经济发展具有重要影响力。

他从亲自创立的“三横、两竖、两个三角”大地构造格架理论出发，提出我国海相碳酸盐岩油气勘探二次创业的建议，对我国“十一五”以来海相碳酸盐岩油气勘探的一系列重大发现做出了重大贡献！本人亲自参与了近年来中石油一系列的深层碳酸盐岩油气勘探实践，亲身感受到刘先生提出的深层海相碳酸盐岩勘探认识对我国油气勘探的重大指导意义。“十二五”以来，中石油在塔里木盆地奥陶系和寒武系碳酸盐岩、四川盆地川中古隆起寒武系和震旦系碳酸盐岩、鄂尔多斯盆地奥陶系碳酸盐岩地层中发现了一系列大型、特大型油气田。每当取得重大发现，首先想起的就是刘先生高瞻远瞩的胆识，要知道，当时先生提出深层海相碳酸盐岩油气勘探二次创业认识的时候，国内大多数人还是认为中国油气主要是陆相生油。

能成为刘先生的学生，是我今生的万幸！与刘先生结缘后，改变了我的人生轨迹。工作上学会了综合分析问题的方法，学业上学会了严谨治学的态度，生活上学会了与人为善的大度。

希望下辈子还与刘先生结缘！

刘光鼎先生永远活在我心中！

大师风范　永驻人间
——追思刘光鼎老师在同济大学

王家林

同济大学

天空低垂，大海悲鸣，中国科学院院士、我们敬重和爱戴的刘光鼎老师于 2018 年 8 月 7 日与世长辞。

刘光鼎老师的离去，不仅是中国科学界的重大损失，而且也使得我国地质、石油和海洋领域失去了一位具有远见卓识、屡建功勋的学术领导人和杰出的组织领导者。

对于任何认识和了解刘光鼎老师的亲友、同事，特别是我们这些亲身受过刘老师教诲的学生来说更是失去了一位德高望重的好长辈、好领导和好老师。

刘光鼎老师和同济大学有很深的历史渊源和浓厚的感情，在 20 世纪 70 年代末他就和同济大学师生有了联系，尤其从 1980 年起，他担任同济大学兼职教授和海洋地质研究所的所长，38 年来，他心系同济，与同济同命运共呼吸，为同济大学，特别是海洋学科的发展和师生的教学科研，呕心沥血，做出了令人难以忘怀的重要贡献。

我是 1960 年考入刘光鼎老师任教的北京地质学院，有幸成为刘先生的学生。1965 年毕业留校任教，成为地物物理专业的一名教师。1980 年，我借调同济大学任教，1981 年正式从北京地质学院调入同济大学，又有幸在刘光鼎老师的指导下开展教学与科研工作。30 多年来，我亲身经历并见证了刘老师为同济所做的一切，本文所叙述的是我的亲身体会和真实感受。刘先生不仅是我专业上的老师，更是我人生的导师。刘先生的教诲使我终身受益，永远铭记在心。

同济之功　助推海洋

同济大学海洋与地球科学学院的前身是 1975 年成立的海洋地质系，它是在 1972 年从华东师大迁来的海洋地质专业基础上建立起来的。海洋地质系的建立适应了国家开展海洋石油勘探的形势和需要，但是建系初期师资力量薄弱，设备、资金缺乏，办学经验不足，学科发展面临着种种困难和挑战。为了改变这种状况，在学校领导的支持下，首先从师资力量着手，系总支书记金镤通过肖一鸣老师邀请了时任上海海洋地质调查局总工程师的刘光鼎先生来同济兼职，刘光鼎老师当时表态："我一人无法建好一个系，而一个地球物理专家也无法推动海洋地质系的发展"。于是就提出了希望同时邀请石油地质专家朱夏和海洋沉积专家业治铮一起来同济兼职的建议。几经周折，经过双方领导的研究协商，刘老师的这个建议得到了圆满解决。1980 年，同济大学正式聘请了刘光鼎、朱夏和业治铮三位专家为兼职教授，也就是在这一年，三位专家同时增补为中国科学院学部委员，这是"文革"后增补的第一批学部委员。

刘光鼎、朱夏和业治铮三位学部委员的加盟极大地推动了同济海洋学科的学科发展和教学科研，他们为学科发展出谋划策并身体力行，分别建立了三个重要的学科方向：综合地球物理、大地构造和盆地分析以及海洋沉积学，推动了海洋地质学科的整体发展，为科研工作、学术梯队和研究生培养开辟了广阔前景。此后同济大学海洋地质学科发展十分迅速，1982 年首批获得海洋地质学专业硕士学位授予权，1984 年获博士学位授予权，成为当时全国高校中唯一的海洋地质学博士点，1991 年获批建立海洋科学博士后流动站，同年汪品先、马在田两位教授同时增选为中科院学部委员，1992 年国家教委批准建立海洋地质开放实验室，1998 年获固体地球物理学博士点，2000 年和 2001 年，相继被评为上海市重点学科中的“重中之重”学科和国家重点学科，2005 年，科技部批准建立海洋地质国家重点实验室。学科发展的每一个进展都包含了刘光鼎等三位院士的心血和汗水。

几十年来，刘光鼎老师一直鼓励和支持同济师生参与国家级的科研项目、国内外的学术交往和科研合作以提高科研水平和学术地位。“六五”期间，时任地质矿产部石油地质海洋地质局副局长的刘光鼎积极支持同济师生参与东海和碳酸盐岩技术攻关，为此获得了科技攻关奖，1989 年刘老师等三位学部委员大力支持汪品先教授等发起的在同济大学召开的亚洲第一届海洋地质学术讨论会，这个会议后来成为例会，在亚洲各国轮流召开，为推动亚洲海洋地质事业的发展和提高同济大学的学术地位发挥了重要作用。20 世纪 90 年代，刘老师任中科院地球物理研究所所长，在他主持的国家自然基金重大项目“油储地球物理”项目中也让同济大学马在田院士等承担了重要课题，刘光鼎院士积极响应和支持汪品先院士等提出的申请加入国际大洋钻探组织的建议，经过努力终于在 1998 年加入了国际大洋钻探组织，在 1999 年春实施了由中国科学家汪品先院士任首席科学家的 ODP184 航次，开启了中国大洋钻探的新篇章。进入 21 世纪以来，他积极鼓励和支持同济大学师生参加“863”和“973”等国家科研项目，在“中国边缘海的形成演化及重要资源的关键问题”项目的课题研究中，同济师生发挥了重要作用。

图 1　业治铮、刘光鼎、朱夏（左起）三位院士在同济大学

几十年来，同济大学海洋地质学科从一个默默无闻的小系建设成为拥有国家重点实验室的重点学科、上海市“重中之重”学科，一个在国际海洋地质界享有一定声誉的海洋地质教学与科研基地。回顾这一段历程，我们心潮澎湃，不能不感谢刘光鼎、朱夏和业治铮三位院士从建系初期就援手同济，助推海洋地质学科发展做出的重要贡献。正如同济大学的原校长、时任科技部部长的万钢教授在 2008 年为刘光鼎老师的诗集《渔樵之歌》所做的序言中所说的：“本人曾为同济大学校长，在读先生诗稿时，总不禁想起先生与同济大学的深厚福缘。忆昔峥嵘岁月，20 世纪 70 年代初，同济大学海洋地质学科初创，筚路蓝缕，创业艰辛。幸得先生仗义援手，慨然应允任‘同济大学海洋地质研究所所长’，并邀来老友朱夏先生、业治铮先生相助。海洋地质专业一时俊彦云集，学界蔚为佳话。自此，先生已任同济兼职教授三十余载，履历中亦念念不忘。昔日三位先生之弟子，已为今日学科之中坚；昔日草创之一系一所，已为今日之学院与国家重点实验室，学科发展名扬海内外。”

地质物探　倡导结合

几十年的地质、地球物理的教学、科研、生产和管理的实践与研究的积累使刘光鼎院士对于发展地球科学形成了一系列独到的思想和观点，其中重要的一个思想就是地质与物探的结合，正如他在海洋地质学院成立四十周年时所题的词：地质物探求综合，同舟共济谋发展。

对于地质、地球物理和地球化学的结合，刘先生在《地球物理引论》一书中曾有精辟的认识："在20世纪里，地球科学逐渐形成体系，并得到长足的进步，已经从地球的一般特征——如形状、大小、结构与物质组成，深化到了解地球在太阳系中诞生并发展、演化到目前状态的历史，对地球的物理、化学、地质作用过程，不仅是'将今论古'，而且建立详细的、定量的概念性预测模式，以提高对地球时空演化过程及其与人类社会经济之间相互关系的认识。这里，地质学根据地表岩石露头、坑道地层展布以及钻孔岩心、岩屑等多种资料，来认识岩石的组成、构造作用和地质作用，进而推断地质演化的历史。地球物理是应用物理学的原理、方法和技术来研究地球的内部结构、运动状态和各种物理过程。地球化学则从化学的角度来研究地球中元素的迁移、富集及其在时间和空间中的分布和演化。因此，只有使地质、地球物理与地球化学的探索相互结合，并进行高层次的综合研究，才有可能对巨大而复杂的地球，以及其上某个地区做出比较全面的规律性认识，并用来指导实践活动。这才是现代地球科学。"这种结合进一步促使人类由浅入深，由表及里，不断深化地认识地球。1992年刘光鼎主持出版的《中国海区及邻域地质-地球物理系列图》与《中国海区及邻域地质地球物理特征》就是他这一学术思想的典型代表作，受到了国内外的盛赞好评。

刘先生来同济兼职后力邀朱夏、业治铮的一个重要目的就是要使他的地球物理与朱夏的构造结合，与业治铮的沉积结合，高层次地交叉渗透、融会贯通，改变学科间各自为政，缺乏渗透、融合的现象，开展综合学风之先例，就连带研究生也体现了他的综合观点。吴健生教授原来是刘光鼎的地球物理硕士生，毕业留校工作后，刘老师又让他考取了朱夏的地质专业博士生，刘光鼎、朱夏、业治铮三人在研究生的答辩会上，互当评委，共同切磋，经常把答辩会搞得气氛轻松、活跃，像学术讨论会，几个学科的综合和研究生的交叉培养，常能碰撞出火花，产生学术上的新观点。

不仅在学科建设和研究生培养上，同时在我们的科研工作中也体现了这种地质与物探的有机结合。刘先生指导的综合地球物理学科组和朱夏先生引领的构造地质与盆地演化学科组常常紧密合作，完成许多重要的科研项目。20 世纪 80 年代同济大学海洋地质系与江苏油田地质研究院合作完成的“江苏南部重磁力等地球物理资料综合研究”获得了上海市科技进步奖一等奖；同济大学还与中国石油开发公司完成了“中国南方十四省（区、市）区域重磁资料处理及其综合解释”，为我国南方地区深入开展油气勘探提供了重要的地质、地球物理基础研究成果。最为突出的一个例子是进入 21 世纪以后同济大学海洋与地球科学学院各个学科组进一步紧密合作，协同作战完成了一批重大的科研项目，2007 年起以周祖翼教授为项目负责人率领海洋地质、构造与油气地质、海洋沉积、地震和综合地球物理等学科组联合攻关承担了中国石油化工股份有限公司的前瞻性项目“下扬子中古生代海洋盆地演化与油气资源潜力”，在前人成果的基础上，历时五年在下扬子区的构造区划、盆地边界、沉积充填、地质构造、烃源岩与储层以及含油气远景等方面做了全面深入的调查、研究与分析，特别在盆地与板块边界、中古生代的沉积模式还有地震与重磁电方法的关键技术攻关、中深层的地质构造研究与构造演化以及石油地质条件的综合分析等方面取得了一些新认识和新成果，为下扬子区进一步的油气勘探工作奠定了重要基础。

刘光鼎院士的一生是倡导地球物理与地质结合的一生，直到晚年他一直牵挂着要编写一本体现地质物探结合的地球物理专著。在刘先生的组织和领导下，集合了同济大学、中科院地质与地球物理研究所和中国地质大学的骨干老师通力合作，经过一年多的努力，终于在2018年年初出版了刘光鼎老师主编的名为《地球物理通论》的专著，这本书既有理论又有实践，力求既系统全面，融会贯通，又通俗易懂，触类旁通，为广大的地球工作者，特别是非地球物理专业的地学科技工作者提供了一本有实用价值的参考书。

高屋建瓴　引领方向

刘光鼎院士是我国著名的地球物理学家、海洋地球物理学的奠基人，长期从事地球物理的教学、科研、生产和管理实践，先后担任中国地球物理学会的理事长和名誉理事长，他洞察地球物理学的发展历史、现状与前景，大力倡导开展综合地球物理研究。20世纪80年代初他率先在同济大学海洋地质系建立了综合地球物理的学科研究方向并招收了研究生，为同济大学综合地球物理学科的发展奠定了基础。早在1985年他就在与肖一鸣老师联合发表的《油气沉积盆地的综合地球物理研究》一文中指出：石油天然气勘探问题，实质上可归结为对含油气沉积盆地的研究，而油气沉积盆地是一种构造形式，因此地球物理的任务就是阐明盆地的构造形态和物质的分布状况，进而研究盆地的时空演化过程，并揭示其含油气性。完成这样的任务，必须依赖综合地球物理方法。只有研究盆地的演化过程，才能认识盆地的成因，而要研究这种过程，则不仅要有沉积的信息，而且还要有基底内幕的信息，但是不同的地球物理方法探测这些信息的能力均有其局限性，从另一个角度说，综合地球物理方法又像是盲人摸大象，一个人摸象是个鼻子，一个人摸象是个肚子，另一个人摸象是个尾巴，再一个人摸又是条腿，只有做完综合分析，才能知道大象的全貌。所以，只有发挥各种方法之长，综合运用，才能获得合理的结果。方法的综合运用宜置于一个系统中进行，解释的最终结果应力求转换成地质信息。地球物理的理论与勘探实践表明：地球物理的非唯一性和等效性，地球物理地质解释的多解性，单一地球物理方法解决问题的有限性和局限性，地下地质情况的复杂多样性以及地球物理勘探的广度、深度、难度的增加，这一切都证明了开展综合地球物理的必要性和重要性。

刘光鼎老师在同济大学任职以来，致力开展综合地球物理教学研究，亲自开课，在先后担任学科组组长的肖一鸣、王家林、王一新、吴健生和于鹏等教师的协助和配合下带领中青年教师大力开展科学研究，指导研究生毕业论文，在长期的教学、科研实践中并结合他长期从事科研和生产管理的实践，总结出“一种指导”、“两个环节”、“三项结合”、“多次反馈”以及“区域控制局部、深层制约浅层”的综合地球物理解释基本原则。“一种指导”，即以活动论为内涵的岩石层板块大地构造理论为指导，对具体问题做具体分析，体现了地质是地球物理的出发点和归宿点；“两个环节”，即以岩石物性为地质与地球物理之间的纽带，以地质模型为跨越地球物理场的定性解释和定量解释之间的桥梁，这两个关键环节是综合地球物理的物理-地质基础；“三项结合”，即地质与地球物理的结合，定性解释和定量解释的结合以及正演问题与反演问题的结合，这三项结合应该是有机的、紧密的、相辅相成的，它们是综合地球物理的核心内容，必须要贯彻于设计施工、资料处理到解释的全过程；“多次反馈”，即通过信息的多次反馈逐步加深对地质、地球物理信息的认识，有效地克服反演问题的多解性，使解释结果逐渐逼近合理、完善和精确，这充分体现了实践论和认识论的基本思想；“区域控制局部、深层制约浅层”是重要的基本原则，这是刘光鼎先生对于“一、二、三、多”综合地球物理解释基本原则的重要补充和完善。

我们遵循刘先生关于综合地球物理“一、二、三、多”的综合地球物理解释基本原则的理论指导，在教学中兢兢业业，三十多年来仅同济大学的综合地球物理研究方向就培养了硕士 80 名，博士 36 名，其中许多人已成为地质、石油和海洋领域的中坚力量和优秀人才。刘先生在同济指导的第一批硕士中的戴南浔教授，长期在加拿大和美国的石油公司工作，他在地震勘探学科中做出了重要贡献，已被中石油集团聘用并入选“国家千人计划”。在科研成果方面，综合地球物理学科组完成了 34 项国家级的科研项目和 60 项省部级科研项目，其中有 6 项获得了包括上海市科技进步奖一等奖在内的省部级的科技进步奖，为国家的经济建设和科技发展做出了贡献。早期有代表性的一项研究成果是 20 世纪 80 年代由同济大学海洋地质系和大庆油田物探公司合作研究的“松辽盆地北部深层综合地球物理研究”，针对当时大庆油田勘探程度较低的深层，开展了重、磁、电和地震的综合地球物理研究，在刘先生综合地球物理思想指导下对大庆油田及邻区的区域地质、岩石物性、白垩系中的登娄库组及侏罗系地层的分布、基底的起伏和火成岩的分布做了系统深入的研究，紧密结合地质和勘探实践，在松辽盆地北部深层的侏罗系断陷的分布、古生界地层的研究、基底的深度和岩性、火成岩的分布及其深层的含油气远景这些方面取得了新的成果和认识，获得了国家教委的科技进步奖，后来的钻探证实：在侏罗系断陷中发现了天然气田，这项研究为贯彻“一、二、三、多”的综合地球物理解释原则积累了经验，在理论方法和实际应用上提供了典型实例，在以后的实践中，我们进一步将这些解释原则成功地应用在新疆准噶尔盆地、下辽河油田、江苏油田、南方含油气区、河南油田以及珠江口盆地、莺歌海盆地、东海陆架盆地、渤海湾盆地和南黄海盆地的油气勘探中。

图 2 刘光鼎院士 1985 年在同济大学

刘光鼎老师十分重视综合地球物理的学科发展和学术水平的提高，在他的指导和支持下我们先后发表了数百篇关于综合地球物理的论文，出版了一些专著，如《石油综合地球物理方法与应用》、《中国典型含油气盆地综合地球物理研究》、《珠江口盆地和东海陆架盆地基底结构的综合地球物理研究》、《综合地球物理》、《综合地球物理进展》、《海域深部结构重磁震联合反演和综合解释》和《地球物理通论》等。

这几年综合地球物理学科组在于鹏教授的带领下，在原有成果基础上着重在海洋大地电磁和综合地球物理、重磁电震地球物理联合反演新方法新技术和地球深部综合地球物理等方面开展深入研究，完成了一批国家、省部级的科研项目，取得了重要科研成果。

呕心沥血　培育新人

无论在教学、科研、生产和管理领导岗位，刘光鼎老师对于年青一代总是悉心爱护，积极支持，全身心地培养他们，对于这一点我们同济的师生体会尤为深刻。对待教育工作，他着眼大局，培养学生的爱国情怀和雄心壮志，他呕心沥血，严格要求，教育学生早日成才，他从学科建设、研究方向、科研规划和研究生培养等多个角度出谋划策并身体力行开展工作。他在担任同济大学兼职教授以来，几乎每年都要来同济作报告，讲形势，谈发展，定方向和提建议，他的报告切合实际，内容深刻，语言生动，深受广大师生的欢迎，其中“20 世纪地球科学的发展”、“海洋国土和海底矿产资源”、“中国油气资源二次创业”、“军事地球物理学”、“中国大地构造格架及演化”、“地球物理是观测的科学”、“地球科学家的任务与培养”、“中国海地球物理场特征”等，这些报告不仅阐述了他对于当前地质、海洋与石油等领域的重大科技问题的真知灼见，也抒发了他的爱国情怀和对年轻一代的殷切希望，报告极具感染力，给大家留下了深刻难忘的印象。

图 3　刘光鼎院士和研究生们

刘光鼎老师在研究生教育中，从学科方向、教学计划、论文选题、论文的设计与实践、论文修改以及论文答辩等各个环节都全过程参与，他诲人不倦的敬业精神以及严格要求、一丝不苟的科学态度，使学生受到了极大的教育。戴南浔和朱海是他在同济招收的第一批硕士研究生，鉴于他们本科为物探专业的特点，专门制定了相关的教学计划，安排了地质课程和实践，根据我国海洋勘探的实际和地球科学的热点，分别确定了地质与物探结合的论文题目《冲绳海槽的地壳构造与演化史探讨》和《东海陆架边缘脊的成因和演化及与相邻构造单元的关系》，刘老师还经常来信指导他们毕业论文的撰写并亲自修改了他们的论文，对于论文的修改不仅在内容上而且在文章结构甚至在错别字方面都做了一一订正，使得学生十分感动，他们的论文得到了生产与科研单位的高度评价，为他们以后的科研和生产实践打下了坚实的基础。刘老师工作地主要在北京，研究生为了完成论文经常赶去北京向刘老师请教指导，张训华毕业论文的修改就是他赶去北京后完成的，尽管刘老师担任地矿部石海局的领导工作，公务繁忙，但对于研究生的答辩，从不缺席，甚至他还把答辩会开到地球物理的年会会场，一来争取了时间，二来得到了更多国内专家的指导。对于研究生的缺点和问题，刘老师都会毫不客气地指出并给予诚恳的帮助，他教育研究生：“要做学问，先要学会做人。”他的大师风范像春风化雨，影响了一代又一代的学子。

在刘先生的精心培育下，一批批研究生走出校门，走向科研、教学、生产实践，在地质、石油、海洋等领域脱颖而出，大显身手。20 世纪 80 年代中期毕业的吴健生刻苦钻研，迅速成长，完成了许多重要的国家级、省部级的科研项目，获得了包含上海市科技进步奖一等奖在内的多项省部级科研进步奖，他曾任地球物理系的系主任，在他指导下毕业的就有 18 名硕士和 9 名博士。

现任中国地质调查局南京地质调查中心党委书记、副主任的张训华研究员是刘先生指导的87级硕士研究生，他长期工作在青岛海洋地质研究所，他主持完成了许多国家级的重要科研项目，发表了70余篇论文，著有《中国海域构造地质学》等四部专著，获得了包括国家科技进步奖二等奖、国土资源部科技成果奖一等奖在内的12项科技奖励，被评为地矿部百名跨世纪人才、中国地质调查局首批中青年优秀人才。在他主要负责的《中国海区及邻域地质-地球物理系列图》中把刘光鼎和朱夏院士的学术思想贯穿在编图工作的全过程并取得了新的创新成果。

宋海斌在1990年毕业于同济大学物探本科专业，先后攻读刘光鼎院士和马在田院士的硕士和博士，他的毕业论文被评为全国首届百篇优秀论文，1996年后他又师从刘光鼎院士在中科院地球物理研究所从事博士后研究，出站后留所工作。近二十年来，他完成了许多国家级和省部级的科研项目，在边缘海的形成演化、天然气水合物的研究以及地球物理和物理海洋的交叉学科的研究方面，取得了一系列的重要成果，已成为国内海洋地震学的领军人物。

在刘光鼎老师的教育和指导下，一批批立志为社会主义建设事业贡献青春的地球物理的有用人才不断涌现、迅速成长，在国家的地质、能源、海洋和水工环等各个领域努力工作，他们以刘光鼎老师为榜样，胸怀祖国，奋斗拼搏，以出色的成绩报答先生的辛勤培育，他们没有辜负刘老师的殷切希望。

刘光鼎院士虽然离开了我们，但他永远活在我们的心中。他那崇高坚定的理想信念，忧国忧民的爱国情怀，为建设事业的奉献精神，对科学真理的不懈追求和培育新人的博大胸怀，以及揭示真理、无私无畏、光明磊落、克己奉公和关心群众、乐于助人的高尚人品是一笔十分宝贵的精神财富，是我们几代人学习的楷模，是我们不断前进的强大动力。刘老师是我们心中永远的丰碑，我们将沿着他走过的路发扬优良传统，在新时代的旗帜下开始新的征程。

怀念恩师刘光鼎院士

高静怀

西安交通大学

2018年8月9日，从治丧委员会郝天珧老师处惊悉恩师刘光鼎院士不幸仙逝的消息，我泪如泉涌，沉浸在万分的悲痛与无尽的缅怀之中！

尊敬的刘光鼎先生已经离开我们快一年了，但和他在一起的日子历历在目，他老人家的教诲还常常萦绕在耳边。

我于1997年在中国科学院地球物理研究所油储室作博士后，有幸拜刘先生为师，多年来参加刘先生主持的国家自然科学基金“八五”重大项目“陆相薄互层油储地球物理学理论和方法研究”和“九五”重大项目“陆相油储地球物理理论及三维地质图象成图方法”，常聆听先生的教诲，使我学到了很多做人和做学问的道理。

先生把发展中国地球物理事业视为己任，倾尽毕生的心血于祖国的地球物理学科的发展，在他身边的日子里，我听他讲得最多的一句话就是“谁发展地球物理事业，我就支持谁”。特别是我从地球物理所博士后出站准备回西安工作时，先生给予了全力支持，他叮嘱我说，鄂尔多斯盆地是我国非常典型的含油气盆地，有重要的科学问题需要研究，在国家油气资源中具有重要的战略地位，希望我在西北地区能够为国家的油气勘探事业发展做出贡献。他老人家从大地构造学角度为我分析了今后研究的重点。他教导我解决问题是最根本的！为此他还专程到西安指导工作，面见了时任西安交通大学校长的徐通模教授，促成建立西安交通大学“波动与信息研究所”，我为所长。先生亲笔为研究所题词，有力推动了西安交大地球物理与信息科学的交叉研究。

可以告慰先生的是，在先生多年的鼓励和指导下，目前我们西安交大波动与信息研究所发展很好，在此基础上，已与中海油研究总院等兄弟单位联合共建了“海洋石油勘探国家工程实验室”，为我国油气勘探事业的发展正在做出应有的贡献。在先生科学精神的激励下，以先生为楷模，我们针对我国非常规油气勘探与开发中的重大科学问题，开展研讨。向基金委地学部提出了“十二五”重大项目立项建议，2013 年，我们建议的“非常规油气勘探与开发地球物理基础理论与方法研究”获立项。同年，我作为首席科学家，组织队伍申请到了该项目。在先生科学精神的感召下，以“八五”“九五”油储项目的前辈为榜样，本项目团队经过五年的扎实工作，完成了项目预定的目标，已通过基金委地学部组织的验收，被评为“优秀”。以此怀念先生对我的指导与栽培！

刘光鼎先生逝世，使我失去了一位和蔼可亲的导师和德高望重的榜样。我将化悲痛为力量，沿着刘先生指引的方向努力创新，不断进取，以先生为榜样，为我国的油气勘探事业发展贡献自己的毕生精力。

独立之科学精神，睿智之海洋大笔

——一代地学宗师刘光鼎先生的地学编图思想

张洪涛

自然资源部

2005年，刘光鼎先生提笔给中国地质调查局局长孟宪来写信，建议“尽快将我国管辖海域地质编图和综合研究工作纳入地质大调查计划”。层层上报，层层批示，最终责任落到我身上。当时我担任中国地质调查局副局长、总工程师，正主持《国土资源大调查纲要》的策划和实施，找刘光鼎先生聊了一下，被刘光鼎先生的雄才大略深深吸引，脑洞大开。从此我自己也融入了“海洋地质编图和综合研究”攻关团队，有了十几年与刘光鼎先生近距离接触和学习的机会。

刘光鼎先生是我国著名的地球物理学家，是公认的我国海洋地质事业的奠基人之一，他满腹经纶，学贯物理学、地质学、能源勘探、海洋地质学，人称“中国海洋地质之父”。刘光鼎先生长期从事地质研究（和教学），借助他的地质专业背景，多次提出开拓海洋工作的前瞻性建议，认为“国家战略空间的拓展必须发展海洋事业”，提出“改革开放的经济格局务必保障海上通道安全”，强调“海洋地学的终极目标关乎国家主权权益、国家安全和资源开发”，呼吁“海洋地学编图不应脱离服务国家利益的根本”，等等。刘光鼎先生登高一呼，响应一片，影响深远。

刘光鼎先生热爱地质，心系海洋。他以“丈量中国海”为己任，主持过我国油气勘探、地球物理、海洋地质调查等一系列开创性工作，如他主持筹建了我国第一个海洋物探教研室，主持组建了我国第一个海洋物探队。他认为“海洋强国”是中华民族持续发展的新“引擎”，他研究并创导的“前新生代海相生油理论”长期被地学界奉为经典，由此出发，2001年他向国务院递交了《关于中国油气资源第二次创业的建议》，很快被中央高层采纳，其影响和效益巨大，业已被历史所证实。记得他多次说过，“地球物理强国是我一生的梦想”。

刘光鼎先生才思敏捷，注重创新。海洋地球物理是一门包括水体探测、海底探测、地壳探测、样品和数据采集、处理反演、综合解译等多门前沿学科，还需要配置（研发）旁侧声呐、多波束、测深、垂直缆、海底地震仪、海底电磁仪等高新技术，是认知海洋科学问题、查明海底地质构造与岩性特点、探测海洋矿产与能源等领域的不可或缺的重要手段。刘光鼎先生亲自领导新中国海洋地球物理勘查研究，在系统采集数据的基础上，1992年他领导编撰、完成了第一代《中国海区及邻域地质-地球物理系列图》，内容包括地形图、地貌图、空间重力异常图、布格重力异常、磁力平面剖面图、地球动力学图、新生代盆地图、地质图和大地构造图（1∶500万）等9种图件，这套图件对于我国海洋基础地质研究、海洋油气资源开发乃至维护海洋主权方面发挥了重要作用。1996年这套图件首次在第29届国际地质大会上亮相，引起国际地学界的高度关注，好评如潮。

刘光鼎先生诲人不倦，教书育人。在他的指导下，国内10多家科研、教学单位的上百名青年弟子和地质专家开展了艰苦的团队攻关，包括他的得意门生、青岛海洋地质研究所副所长（现南京地质调查中心副主任）张训华、中科院地质与地球物理研究所郝天珧、青岛海洋地质研究所温珍河、广州海洋地质调查局邱燕等年轻一代地质工作者，认真学习、发展他的学术思想，进一步提出了海洋“块体构造学说”，先后研编完成了三套海洋地质系列图件。一是

《1：5000000 中国海陆及邻域地质-地球物理系列图》，编图范围涵盖中国海陆，包括空间重力异常图、布格重力异常图、磁力异常图、莫霍面深度图、地震层析成像图、地质图、大地构造格架图和大地构造格架演化图等 8 种图件。二是《1：1000000 中国海域及邻区地质-地球物理系列图》，编图范围主要是中国管辖海域及邻区，包括水深地形图、地势图、空间重力异常图、布格重力异常图、磁力异常图、地球动力学图、表层沉积物类型图、区域构造图、中生代—新生代盆地构造图和新构造地质图 10 种图件。三是《1：3000000 中国海-西太平洋地质地球物理系列图》，编图范围覆盖我国海区，向东延伸至“第二岛链”，包含马里亚纳海沟以西的西太平洋，包括水深-地形图、地势图、重力异常图、(陆岛改正)、均衡重力异常图、磁力异常图、构造纲要图、地球动力学图、新生代盆地分布图、典型剖面 2 条（包括重磁震及反演结果）9 种图件，首次实现了从岩石圈、地壳、浅部地层等 3 个不同尺度认识中国海域及邻区的构造演化过程，其研究深度和广度前所未有，为第二代地学编图奠定了基础。

刘光鼎先生习武尚侠，心胸坦荡，既是我的良师，更是我的益友。2018 年刘光鼎先生不幸辞世，整个地球科学界为之震惊，日月为之失色。我不禁回忆起与刘光鼎先生为编图项目而度过的每一段时光，想起了他为建设海洋强国而上下劳顿、奔走呼号，想起了执着的家国情怀、拍案而起，想起了他思辨的精妙睿智、解惑的细致入微，想起了他讨论大地构造时的专心执着、雄辩时的洪钟大吕……继承刘光鼎先生的遗愿，献身海洋事业，难道不是我辈当仁不让的责任和担当?

如刘光鼎先生所愿，《中国海及邻域地质地球物理系列图》于 2006 年正式启动，这是基于“地质大调查”最新数据的国家顶级项目，目标明确，亦即运用现代科学手段，对最新获取的地质数据，开展跨专业、跨构造区、跨陆域海洋的全方位综合研究。作为该项目的首席科学家，刘光鼎先生提出了“以地球物理数据为基础，以地球动力学演化为主线，以地质-地球物理学综合分析为手段”的技术路线，海域与陆域一体，理论与应用结合，难度大，时间长，12年的团队攻关经历，跌宕起伏，一语难尽。今天这套系列图件即将付梓出版，它充分反映了刘光鼎先生对于中国大地构造“三横两竖两个三角，纵横开阖，时空演化”的创新思路，完整体现了刘光鼎先生“立足数据，海陆一体”的宏观设想，是利用“大数据”平台精细处理、海洋陆地联合研编的成功尝试，国际地学界公认是迄今系统性最强、精度最高的重大科学成果。《中国海及邻域地质地球物理系列图》的公开出版，不能不说是全球海洋地学界的幸事。

刘光鼎先生毕其一生书写了一篇“爱国家，爱海洋”的大文章。斯人远去，文章永存！

忆在刘光鼎先生引导下推进地球物理信息与数据学科发展

彭丰林[1, 2]

1 中国地球物理学会信息技术专业委员会

2 中国科学院地质与地球物理研究所

刘光鼎先生离开我们快一年了。先生自 20 世纪 90 年代初任中科院地球物理所所长，言传身教，从吴氏太极到地球物理，影响深广。本文仅就先生引导推进中国地球物理信息-数据科学的建设发展的史实略作回顾。

世界数据中心中国中心暨地球物理学科中心的成立

1990 年，刘光鼎先生来到中国科学院地球物理研究所任所长。时值全球处于科学技术的信息化、网络化爆发式新发展的前夜，不知有意还是无意，中国科学院地球物理研究所成为了中国地球物理数据与信息科学发展的推动者。

回溯 1957～1958 年的国际地球物理年（IGY）期间，中国成立了国际地球物理年中国委员会，中国科学院竺可桢副院长任主席，朱岗崑先生任秘书长。由于涉及“两个中国”问题，中华人民共和国政府没有继续参与该国际活动，但是中国地球物理学界继续执行、实施了 IGY 合作的各种科学探测与研究工作。然而国际地球物理年合作过程中成立的世界数据中心系统（WDCs），没有在中国设立相应的机构。由于中国没有参与，中国与国际地球物理学界及相关的天文、地学领域的数据交换存在着诸多不便。在 1990 年前后，WDCs 通过中国科学院地球物理研究所一位普通研究人员，提出了对中国参加 WDCs 组织的期望。刘光鼎先生接到这一汇报后，并不因为提出转达这一建议的是一位普通研究人员而轻视忽略，而是极其重视，积极推进了这一建议。在刘光鼎所长的全力支持下，地球物理研究所向中国科学院提出了这一建议。经过孙鸿烈副院长等院内外天文、空间、地理、地质、地震、气象、海洋、冰川冻土等学科、部门、机构的专家、学者、领导大力支持，向国家科委提交了建议报告获得批准；经与世界数据中心组织协调，在中国建立了世界数据中心系统的第四个集群，其英文代码为 WDC-D，包括九个学科中心，其中地球物理学科中心建立在中国科学院地球物理研究所。在刘光鼎先生的主持下，该中心被列为地球物理研究所四大中心之一，且设立为一个研究室（处级）。同时建立的另一中心是网络信息中心，由此数据和信息科技在所里规划的四大中心占据了一半，当时数据科学一词还鲜有被提及，互联网刚刚接入中国大陆，从位于中关村的中科院网络中心到现在的奥运村园区的互联网线路还仅在规划中，社会上的互联网建设更处“虚拟”中，中科院地球物理研究所及依托该所新组建的北京现代地球科学中心投入相当的编制与机房、采购多台服务器等设备，可以说走在了科研院所信息化发展的前列。

笔者当时未参与数据中心的成立建设。但是刘光鼎先生对所里许多青年科研工作者都给予了关注与支持。刘先生到所里不久，就在单独交谈中给予提醒建议申请自然科学基金委的青年基金项目。在我申报晋升职称的过程前后，刘光鼎先生又把我叫到其办公室，亲自提醒建议在做好学科研究工作的同时，注重用计算机手段的信息化、可视化表达。其时我结婚不久，与妻儿还是两地分居。当他听我说这个问题北京不好解决，上海新成立的中国极地研究所鼓动我调过去，给解决两地分居问题时，即劝我留下来，读博士解决妻儿进京问题。我告诉他 1986 年朱岗崑先生建议我继续读博，前任所长即以朱先生到年龄的原因不让我们高空物理专业招博士生了，我也在联系考其他院校的空间物理学博士。刘先生立即表示以其（固体）地球物理专业的博导点让我报考博士研究生。后来我即报考、读博，刘先生亲自授予了学位（好像是地球物理所第一批、也是最后一批举行穿博士服举行学位授予仪式的博士），经后任所领导、所院人事部门的持续努力，妻儿调入了北京。无意中也为笔者日后出掌地球物理学科中心埋下了伏笔。

图 1　刘先生为笔者授予博士学位时合影

刘光鼎先生卸任所长前，正常进行了地球物理学科中心的领导班子更换。所里对此予以了积极的评价。其间笔者和新老两位主任一同参加天文·空间·地球物理学的数据与预报联合会议，面对换届中的枝节在所外引起的不必要的误会新任主任不便回应时，笔者作为局外人，转达表述了新老所长对于 WDC 地球物理学科中心一以贯之的支持态度，解除了可能引起外单位的一些误会。这也是我与 WDC 地球物理学科中心工作的第一个比较重要的交集。

2003 年，笔者应聘成为中国科学院地质与地球物理研究所地球物理数据中心负责人，后又经所领导推荐，经 WDC 中国国家协调委员会通过，任地球物理学科中心负责人。在此期间，我们组建了 WDC 地球物理学科中心专家委员会。当我们聘请刘先生担任该委员会主任时，刘先生欣然应允。在此后地球物理学科中心的工作中，刘先生积极支持学科中心发展，充实重力学、地热学、地震学等学科中心初期没有包含的地球物理分支学科的数据，并把其主编的《中国海区及邻域地质-地球物理系列图》交给本中心汇辑分发，还进一步主动允诺将未来出版的更多更新、更全面的中国及其邻域（特别是海洋）地球物理图集、数据集交由地球物理中心存、发。

国际地球物理信息化年中国委员会的成立与活动

2006 年，笔者在主做 WDC 地球物理学科中心工作中，先后参加了国际科学数据委员会在中国举行的国际会议。参加了首次在北京举行的国际科学数据委员会 20 届大会。特别是在其中的世界电信联盟与联合国促进发展中国家信息化建设任务组联合分会上，我积极参与了聚集中国地球物理数据信息科学工作者与国际天文、地球物理信息科学界的合作、对接，具体与 eGY（后中文定名为地球物理信息化年）国际委员会主席 C.Barton 及秘书长 P. Fox 的接洽，促进开展这次国际科学合作在中国地区的工作。随后在同年北京举行的第 36 届国际空间科学大会上，刘闯研究员和我陪引再次来华参会的 P. Fox 秘书长与中国科学院秘书长兼国际合作局局长郭华东先生进行了洽谈。我把郭华东秘书长听取情况后表示我国学界积极参与、地球物理学界主导的意见经中国地球物理学会秘书长朱日祥院士汇报后，请示时任学会荣誉理事长的刘先生及平常在合肥的理事长王水先生，刘先生等学会主要常务领导指示积极开展研究并与几个相关学会通过信函文件商定，以中国地球物理学会联合中国地震学会、中国地质学会、中国空间科学学会、中国天文学会、中国地理学会、中国气象学会、中国海洋学会等组建了国际地球物理信息化年中国委员会。世界数据中心中国中心的地球物理、地震科学、空间科学、天文学、地质学、气象学、海洋科学、冰川冻土学等学科中心积极参与了这一纪念国际地球物理年 50 周年的国际合作。

2007 年 7 月赴意大利参加 IUGG 大会及 eGY 启动会议前，我向先生汇报意欲尝试提倡推动地球物理信息学概念与学科发展，请教先生的意见，获得了先生的肯定与支持。此后经过陆续交流，地球物理信息学的概念逐步得到了从 C.Barton 到众多专业学者的认同，在同年庆祝中国地球物理学会成立 60 周年、IGY50 周年暨 eGY 启动大会上，陈颙先生进一步归结为“地球物理几十年的发展，就是（地球-空间）信息获取能力的提高”。中国地球物理学会信息技术专业委员会，正式将英文名字确定为 Professional Committee of Geophysical Informatics。在 2008 年的中国地球物理学术年会上，eGY 中国委员会与中国地球物理学会信息专委会共同组织了第一专题——国际地球物理信息学及虚拟平台进展，取得了很好的反响与效果。随后专委会逐步吸纳空间物理与天文学界数据信息领域的委员，相继推进了空间科学信息学与天文信息学的建设，也获得了各领域的认同与富有成效的发展。2010 年，我们中国地球物理学会信息技术专业委员会与中国科学院信息网络中心联合举办了地球-行星与空间物理／工程信息化沙龙（即论坛、研讨会），地质学家孙枢院士，我们学会副理事长石耀霖院士、郭建秘书长，中科院信息化专委会领导廖方宇、阎保平等约 50 位学者与会。后来专委会进一步增加了海洋（南海方面）、国防、产业领域的物理、信息专业委员，推动落实 eGY 期间先生和学会其他领导提出的促进信息化、促进产学研相结合等学科发展的精神。在对地球物理学的学科发展进行历史追溯、探究中，我和一些学者同仁进一步认识到信息科学理念在地球物理学发展、成长中的意义、地位及重要性，也发现地球物理学对推动信息科学技术发展起到的重大作用。信息技术专委会在21世纪初大数据、云计算、互联网+、人工智能尚在孕育之时，先后组织了2014年的“大数据、云计算与地球物理学术研讨”、2015年的“地球物理信息与监测学术研讨”、2016年的“互联网+与地球物理学术研讨”、2017年的“人工智能与地球物理学术研讨”等会议活动，步步走在了社会甚至信息领域大潮的前面；在此期间还与央企信息软件骨干合作，举办了我国计算机的自主操作系统在地球物理相关单位的推广培训，如今也凸显出在国家（信息）技术系统安全方面的前瞻性。这些活动筹备与开展前后，我经常见到刘先生与之请教，获得了先生许多支持与指点。我们专委会每思及此，常常也怀念受益于先生，深感先生对地球物理信息-数据科学的发展居功至伟，作用巨大。

斗转星移，先生已逝。遥望海天，寄语太极！

刘光鼎先生的指导永记心间

郭　建

中国地球物理学会

刘光鼎院士离开我们已经有一年了，但他的笑容还在我们眼前，他的话音还在我们耳边，他的指导还在引导我们前进的道路。

地震仪器课题组自2007年成立以来，一直在刘先生的关心和指导下进行研究和开发，十余年间，先生的种种言传身教，和始终如一的宽厚长者形象，在课题组人员脑中一一闪现。可以说，如果没有先生的支持与鼓励，课题组很难取得一系列的成绩。先生在科研和学术方面的成就已是誉满天下，毋庸赘言，在此唯以此篇短文，记述先生与课题组之间的几件小事，以寄托哀思。

课题组成立之初，就以刘先生的中国油气二次创业理论为指导，以海相残留盆地勘探为目标，提出中国油气资源的勘探不能没有自己的仪器装备，必须开展具有自主知识产权的地震仪研发。这项工作具有很大的挑战性，先生在理论基础、课题经费、项目承接等方面，都给予课题组大量的指导。

2007年，在刘先生的亲自主持与推动下，课题组承担了中国石化海相前瞻性研究项目“高精度地震勘探连续采集系统和技术”的研发工作。该项目是中国石化“十一五”期间的重点科技研发项目，对于油田勘探开发具有重要意义。课题组承接该项目之初，经费不能及时到位，人员不足，仪器设备短缺，项目工作举步维艰。刘先生以近80岁高龄，亲自出面，帮助课题组与项目各相关方进行沟通协调，终于使项目步入正轨。随后，每到项目关键节点，课题组都向先生当面请教技术难题，得到先生的指点，项目得以进展顺利。

2007 年 2 月 2 日，在详细了解课题组的工作情况后，刘先生不无感慨地说，中国油气需要二次创业，你们承担地震仪项目也需要发扬二次创业的精神，努力把项目做好，并当场提笔写下“二次创业”四个大字作为对我们的勉励。

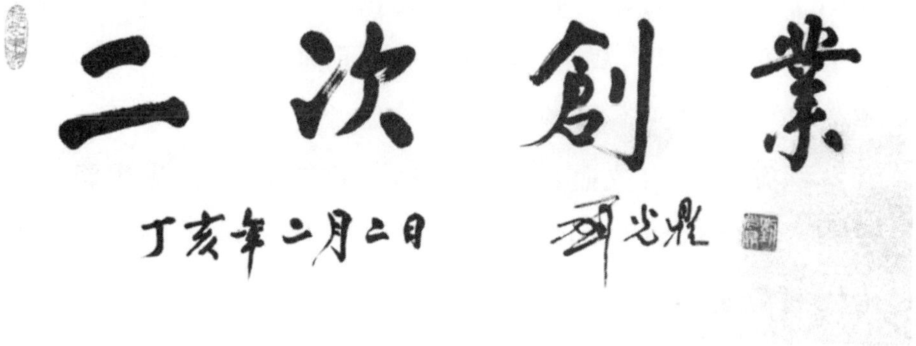

图 1　刘光鼎院士为地震仪器课题组题字

项目开始后，基本每个季度均要向刘先生汇报项目进展情况，有时因为项目进展不大，或者遇到一些曲折，就没有及时向刘先生汇报，刘先生就会亲自到我们办公室来了解情况，并就具体问题进行指导和帮助。

每年元旦前后，刘先生均会邀请课题组全体人员聚餐，像慈祥的家长一样，询问每一位科研人员的工作及生活情况，要求课题组领导关心每一位成员的成长。

2014 年，课题组承担的“高精度地震勘探连续采集系统和技术”项目进入攻坚阶段，全课题组人员长期在野外开展实验，时间紧，任务重，工作条件艰苦，在此期间，刘先生虽然身体抱恙，还是多次向课题组人员表示亲切慰问，勉励课题组坚定信念，发扬艰苦奋斗精神，夺取项目攻坚任务的胜利。在先生精神的感召下，课题组人员群情振奋，信心十足，终于按期完成了项目任务，得到了项目委托方中石化和科技部的高度赞扬。

先生一向和蔼可亲，乐观大度。课题组从研究员到项目助理，都曾近距离聆听过先生的谆谆教诲。但先生在科研工作上是极为严谨认真的。课题组每次请先生在项目文件上签字，先生都要详细询问项目情况，对于每一份文件都要检查再三。先生对待工作的态度，深深打动了课题组的每一位成员，经常由衷地赞叹道，这样的科学家无愧于“中国脊梁”的称号，因为有了他们，中国才能高速发展，创造一项又一项科研奇迹。

国失栋梁，山河泣血；英才虽逝，浩气长存。先生将毕生精力都奉献给了中国地质和地球物理事业，科研成就硕果累累，到晚年还坚持教书育人，桃李满天下。先生用实际行动，生动诠释了一位伟大科学家为了信仰奋斗终生的高风亮节，值得所有的年轻科研工作者敬仰和学习。数字地震仪课题组决心以刘先生为楷模，化悲痛为力量，继续奋战在科研工作第一线，将先生的精神发扬光大，为中国地质仪器的发展做出应有的贡献！